Marion Ludwig

Wohnungslos – Umgang mit Exklusion

Vandenhoeck & Ruprecht

Mit 6 Abbildungen

Bibliografische Information der Deutschen Nationalbibliothek
Die Deutsche Nationalbibliothek verzeichnet diese Publikation in der
Deutschen Nationalbibliografie; detaillierte bibliografische Daten sind
im Internet über http://dnb.d-nb.de abrufbar.

ISBN 978-3-525-45300-1

Weitere Ausgaben und Online-Angebote sind erhältlich unter:
www.vandenhoeck-ruprecht-verlage.com

Umschlagabbildung: .marqs/photocase.de

© 2018, Vandenhoeck & Ruprecht GmbH & Co. KG,
Theaterstraße 13, D-37073 Göttingen /
Vandenhoeck & Ruprecht LLC, Bristol, CT, U.S.A.
www.vandenhoeck-ruprecht-verlage.com
Alle Rechte vorbehalten. Das Werk und seine Teile sind urheberrechtlich
geschützt. Jede Verwertung in anderen als den gesetzlich zugelassenen Fällen
bedarf der vorherigen schriftlichen Einwilligung des Verlages.
Printed in Germany.

Satz: SchwabScantechnik, Göttingen
Druck und Bindung: ⊕ Hubert & Co. GmbH & Co. KG BuchPartner,
Robert-Bosch-Breite 6, D-37079 Göttingen

Gedruckt auf alterungsbeständigem Papier.

Inhalt

Zu dieser Buchreihe 7
Vorwort von Jochen Schweitzer........................... 9
Vorbemerkung 11

I Der Kontext

1 Lebenssituation wohnungsloser, psychisch
  beeinträchtigter Menschen in der Berliner Wohnungslosen-
  und Eingliederungshilfe 16
  1.1 Die Lebenssituation wohnungsloser, psychisch
      beeinträchtigter Menschen im Berliner
      Wohnungslosenhilfesystem 18
  1.2 Die Lebenssituation wohnungsloser, psychisch
      beeinträchtigter Menschen im Berliner
      Eingliederungshilfesystem 21
2 Rechtliche Grundlagen und organisatorischer Rahmen der
  Eingliederungshilfe 24
  2.1 Bundesteilhabegesetz und Eingliederungshilfe 25
  2.2 Definition psychischer Störungen aus systemischer Sicht,
      das bio-psycho-soziale Modell und die Internationale
      Klassifikation der Funktionsfähigkeit, Behinderung und
      Gesundheit – International Classification of Functioning,
      Disability and Health (ICF) 27
  2.3 Personbezogene Faktoren 29
  2.4 Zugangsvoraussetzungen in das Eingliederungs-
      hilfesystem gemäß Berliner Behandlungs- und
      Rehabilitationsplan (BBRP) 31
  2.5 Ziele und Angebote eines Berliner Wohnverbundes für
      Menschen mit psychischen Störungen 36
  2.6 Bedeutung von Kontextfaktoren 37

3 Exklusion als Problem – Inklusion als Zielsetzung	38
● Erstes Fallbeispiel: Herr Lohmeyer	43
4 Der Träger, einrichtungsspezifische Merkmale des Wohnverbundes und systemische Beratung	53
5 Stärken und Schwächen der beiden Hilfesysteme aus systemischer Sicht	58

II Die systemische Beratung im Kontext der Eingliederungshilfe

● Zweites Fallbeispiel: Herr Tischler	64
6 Vorgehen in der systemischen Beratungsarbeit	71
6.1 Systemische Aspekte in der sozialpädagogischen Beratung	71
6.2 Systemische Aspekte im Gruppentraining sozialer Kompetenzen	74
6.3 Systemische Beratung im Wohnverbund	76
7 Herausforderungen in der systemischen Beratungsarbeit	82
7.1 Das Spannungsfeld der psychiatrischen Beratungsarbeit	84
7.2 Umgang mit Exklusion und ausgrenzendem Verhalten	87
7.3 Überblick über mögliche Herausforderungen	88
8 Schlussbetrachtung und Ausblick	90
8.1 Möglichkeiten für einen notwendigen Paradigmenwechsel	90
8.2 Ziele systemischen Arbeitens	91
8.3 Anregung zum Wechsel der Präferenzen	92
8.4 Ein Ausblick auf Sozialpolitisches	93

III Am Ende

9 Buchempfehlungen, Hinweise und Kontakte	98
10 Literatur	100
11 Danksagung	105
12 Die Autorin	106
13 Abkürzungsverzeichnis	107

Zu dieser Buchreihe

Die Reihe »Leben. Lieben. Arbeiten: systemisch beraten« befasst sich mit Herausforderungen menschlicher Existenz und deren Bewältigung. In ihr geht es um Themen, an denen Menschen wachsen oder zerbrechen, zueinanderfinden oder sich entzweien und bei denen Menschen sich gegenseitig unterstützen oder einander das Leben schwer machen können. Manche dieser Herausforderungen (Leben.) haben mit unserer biologischen Existenz, unserem gelebten Leben zu tun, mit Geburt und Tod, Krankheit und Gesundheit, Schicksal und Lebensführung. Andere (Lieben.) haben mit unseren intimen Beziehungen zu tun, mit deren Anfang und deren Ende, mit Liebe und Hass, mit Fürsorge und Vernachlässigung, mit Bindung und Freiheit. Wiederum andere Herausforderungen (Arbeiten.) behandeln planvolle Tätigkeiten, zumeist in Organisationen, wo es um Erwerbsarbeit und ehrenamtliche Arbeit geht, um Struktur und Chaos, um Aufstieg und Abstieg, um Freud und Leid menschlicher Zusammenarbeit in ihren vielen Facetten.

Die Bände dieser Reihe beleuchten anschaulich und kompakt derartige ausgewählte Kontexte, in denen systemische Praxis hilfreich ist. Sie richten sich an Personen, die in ihrer Beratungstätigkeit mit jeweils spezifischen Herausforderungen konfrontiert sind, können aber auch für Betroffene hilfreich sein. Sie bieten Mittel zum Verständnis von Kontexten und geben Werkzeuge zu deren Bearbeitung an die Hand. Sie sind knapp, klar und gut verständlich geschrieben, allgemeine Überlegungen werden mit konkreten Fallbeispielen veranschaulicht und mögliche Wege »vom Problem zu Lösungen« werden skizziert. Auf etwa 100 Buchseiten, mit etwas Glück an einem langen Abend oder einem kurzen Wochenende zu lesen, bieten sie zu dem jeweiligen lebensweltlichen Thema einen schnellen Überblick.

Die Buchreihe schließt an unsere Lehrbücher der systemischen Therapie und Beratung an. Unsere Bücher zum systemischen »Grundlagenwissen« (1996/2012) und zum »störungsspezifischen Wissen« (2006) fanden und finden weiterhin einen großen Leserkreis. Die aktuelle Reihe erkundet nun das »kontextspezifische Wissen« der systemischen Beratung. Es passt zu der unendlichen Vielfalt möglicher Kontexte, in denen sich »Leben. Lieben. Arbeiten« vollzieht, dass hier praxisbezogene kritische Analysen gesellschaftlicher Rahmenbedingungen ebenso willkommen sind wie Anregungen für individuelle und für kollektive Lösungswege. Um klinisch relevante Störungen, um systemische Theoriekonzepte und um spezifische beraterische Techniken geht es in diesen Bänden (nur) insoweit, als sie zum Verständnis und zur Bearbeitung der jeweiligen Herausforderungen bedeutsam sind.

Wir laden Sie als Leserin und Leser ein, uns bei diesen Exkursionen zu begleiten.

Jochen Schweitzer und Arist von Schlippe

Vorwort

Ohne ein Dach über dem Kopf zu sein, aus Not auf der Straße zu leben, keinen sicheren Platz auf dieser Welt zu haben, keine Privatsphäre, um sich darin zurückzuziehen – das gehört zu meinen persönlichen Horrorvorstellungen und wahrscheinlich auch zu denen der meisten von uns.

Dieses Buch lehrt uns, dass es neben Obachlosigkeit im engeren Sinne (»Platte machen«, auf der Straße leben) ein in Mitteleuropa wahrscheinlich häufigeres, aber viel weniger sichtbares Phänomen der schon eingetretenen oder drohenden Wohnungslosigkeit gibt. Das betrifft alle Menschen, die nicht über einen mietvertraglich abgesicherten Wohnraum verfügen. Es betrifft damit auch solche, die in Einrichtungen der Wohnungslosenhilfe bzw. in Billigpensionen oder vorübergehend bei Familienmitgliedern oder Bekannten wohnen. Bedroht von solcher Wohnungslosigkeit sind Menschen, denen nach Kündigung, Zwangsräumung, eskalierten sozialen Konflikten oder familiärer Gewalt der Verlust der eigenen Wohnung unmittelbar bevorsteht.

Marion Ludwig arbeitet seit 15 Jahren in Berlin mit Menschen in derartigen Wohnungsnöten. Nicht alle, aber viele von ihnen haben psychische Störungen oder Behinderungen entwickelt – sei es als Vorläufer oder als Folge ihrer Wohnungslosigkeit oder beides zugleich. Die allermeisten sind von Exklusion bedroht. Der Ausschluss aus den großen Gemeinschaften der Wohnungsmieter und der arbeitenden Bevölkerung sowie aus familiären und freundschaftlichen Beziehungen hat verheerende Auswirkungen. Jenseits dieser wenigen Gemeinsamkeiten sind diese Menschen und ihre Geschichten aber sehr unterschiedlich.

Die Autorin führt uns in diesem Buch zunächst anschaulich in die konkreten Lebenssituationen wohnungsloser und psychisch beeinträchtigter Menschen und zugleich sehr übersichtlich in das Geflecht sozialrechtlicher Bestimmungen und praktizierter Eingliederungshilfen für diese Personengruppe ein. Eine umfassende systemische Perspektive auf Wohnungslosigkeit muss neben familiären, beruflichen, biografischen, medizinischen und psychologisch-psychiatrischen Rahmenbedingungen auch die rechtlichen Bestimmungen und Verwaltungsprozeduren, unter denen wohnungslose Menschen leben, zur Kenntnis nehmen und sich darin bewegen können. Die Autorin verdeutlicht uns auch, was abstrakte Begriffe wie Exklusion, Inklusion, Integration und Empowerment in diesem Arbeitsfeld konkret bedeuten. Die Ausführungen über Marion Ludwigs Zusammenarbeit mit »Herrn Lohmeyer« und »Herrn Tischler« zeigen uns in ermutigender Weise, was eine kreative und ausdauernde systemische Beratung, unter Einbeziehung körperpsychotherapeutischer Interventionen, in diesem Sektor der Sozialen Arbeit erreichen kann.

Arist von Schlippe und ich freuen uns, dass mit diesem Buch nach Tanja Kuhnerts »Leben mit Hartz IV« gleich ein weiterer Band unserer Reihe ein sozialpolitisch hoch brisantes Thema so aufgreift, dass die sozialpolitischen Kontexte individuellen Leidens verdeutlicht werden und zugleich Praktikern der Sozialen Arbeit, der Psychosozialen Medizin und der Sozialverwaltung sehr handfestes Rüstzeug geboten wird, mit denen diese ihren Klienten wirksam helfen können.

Jochen Schweitzer

»Wir Menschen haben ein Grundbedürfnis nach Autonomie und Verbundenheit – dem Gefühl dazu zu gehören. Sich ausgeschlossen zu fühlen, wird neurophysiologisch wie körperlicher Schmerz empfunden.«
Gerald Hüther (2013)

Vorbemerkung

Dieses Buch hält ein Plädoyer für das Menschsein ohne Exklusion. Es gibt einen Einblick in Lebensgeschichten von Menschen, die durch verschiedene Schicksalsschläge und/oder psychische Störungen ihre Wohnungen verloren haben, einen Einblick in die Situation von Menschen, die sich nun in einem Hilfesystem befinden, für das sie einerseits dankbar sind, das sie andererseits aufgrund seiner bürokratischen Hürden und dem unangenehmen Gefühl hilfebedürftig zu sein, hin und wieder verzweifeln lässt. Ich beschreibe Lebenssituationen wohnungsloser und psychisch beeinträchtigter Menschen, die mit der Problematik der Exklusion eng verknüpft sind. Zugleich verdeutliche ich (m)eine systemische Arbeitsweise mit diesen Menschen und zeige Möglichkeiten und Grenzen innerhalb der Beratung auf.

Das Buch veranschaulicht systemische Blickwinkel und Haltungen, die innerhalb meiner sozialpädagogischen und systemischen Beratungen mit wohnungslosen und psychisch beeinträchtigten Menschen immer wieder Begegnungen auf Augenhöhe ermöglichen.

Ich nähere mich der Thematik von außen nach innen. Zunächst erläutere ich den Kontext, sprich: die rechtlichen Grundlagen und organisatorischen Rahmenbedingungen der Eingliederungshilfe. Begriffe wie »Wohnungsnotfall«, »Exklusion« und »Inklusion« werden ebenso definiert wie »psychische Störung« und »Behinderung«. Wie sich diese Definitionen und Richtlinien auf das reale Leben auswirken, illustriert das erste Fallbeispiel, einer systemischen Beratungssequenz mit einem Klienten. Der erste Abschnitt schließt mit der Beschreibung einrichtungsspezifischer Merkmale des Wohnverbundes, in dem ich tätig bin, sowie den Stärken und Schwächen der Wohnungslosen- und Eingliederungshilfe.

Im zweiten Abschnitt richte ich den Fokus auf die systemische Beratung im Bereich der Eingliederungshilfe. Ein weiteres Fallbeispiel zeigt, wie Themen wie Alkoholmissbrauch, Rollen in Geschwisterkonstellationen sowie Kommunikations- und Verhaltensmuster innerhalb der systemischen Beratung reflektiert werden können. Das Vorgehen und die Herausforderungen meiner systemischen Beratungsarbeit benenne ich genauso wie die aus meiner Sicht empfehlenswerten Bedingungen für eine erfolgreiche Arbeit, die der Exklusion der Klientinnen[1] entgegenwirken. Dabei spielt unter anderem die systemische Körperpsychotherapie im Rahmen der Beratung von wohnungslosen und psychisch beeinträchtigten Menschen eine große Rolle.

Am Ende des Bandes stehen Buchempfehlungen, Hinweise und Kontakte, die Interessierten Wege durch ein komplexes und in der Beratungsliteratur bisher kaum berücksichtigtes Thema weisen. Gemeinsam mit den im Text gezielt eingesetzten Infokästen wird so eine erste Annäherung möglich.

---

1 Um eine bessere Lesbarkeit zu ermöglichen, verwende ich im vorliegenden Text abwechselnd die weibliche und männliche Form. Im Sinne der gendersensiblen Sprache sind alle Geschlechtsidentitäten mit eingeschlossen.

Der Kontext

1 Lebenssituation wohnungsloser, psychisch beeinträchtigter Menschen in der Berliner Wohnungslosen- und Eingliederungshilfe

Als ich vor 15 Jahren als studentische Nachtbereitschaft in einer Notübernachtung für obdachlose Männer in den ersten Kontakt mit wohnungslosen Menschen kam, wurde schnell deutlich, dass Wohnungslosigkeit und psychische Störung oft zusammenhängen. Viele von uns haben Begriffe wie »Obdachloser« oder gar »Penner« im Sinn, wenn von wohnungslosen Menschen die Rede ist. Solche Stigmatisierungen beginnen im Kopf und entstehen meist durch Unwissenheit oder durch Festhalten an unangenehmen Erfahrungen oder Berichten von Bekannten, Freunden oder Verwandten. Wir glauben in solchen Situationen zu wissen, von wem oder über wen wir reden. Dabei übersehen wir: *Den* wohnungslosen Menschen gibt es nicht. Der folgende Infokasten zeigt, wie er dennoch definiert wird.

Infokasten 1

Definition: Wohnungsnotfall
Laut Bundesarbeitsgemeinschaft Wohnungslosenhilfe e. V. (BAG W) liegt ein Wohnungsnotfall vor, wenn ein Mensch wohnungslos bzw. von Wohnungslosigkeit bedroht ist oder in unzumutbaren Wohnverhältnissen lebt.

Definition: Wohnungslos
Wohnungslos ist, wer nicht über einen mietvertraglich abgesicherten Wohnraum verfügt. Aktuell von Wohnungslosigkeit betroffen sind demnach nicht nur Personen, die »Platte machen«, d. h. auf der Straße leben, sondern auch solche, die im ordnungsrechtlichen und sozialhilferechtlichen Sektor untergebracht sind. Hierzu zählt

auch das Wohnen in Einrichtungen der Wohnungslosenhilfe, in Billigpensionen sowie vorübergehendes Wohnen bei Familienmitgliedern oder Bekannten.

Definition: von Wohnungslosigkeit bedroht
Von Wohnungslosigkeit bedroht ist, wem der Verlust der derzeitigen Wohnung unmittelbar bevorsteht, z. B. wegen Kündigung, Räumungsklage, Zwangsräumung, eskalierten sozialen Konflikten oder Gewalt geprägter Lebensumstände (vgl. BAGW.de, 2017).

Deutschland: Anzahl der Menschen in Wohnungsnot
Da es in Deutschland keine bundeseinheitliche Wohnungsnotfall-Berichterstattung auf gesetzlicher Grundlage gibt, können lediglich Schätzungen über die Anzahl der Menschen in Wohnungsnot vorgelegt werden. Die BAG W schätzt, dass in Deutschland im Jahr 2016 ca. 420.000 Menschen ohne Wohnung waren – die Zahl berücksichtigt nicht die wohnungslosen anerkannten Flüchtlinge, wenn man diese mitzählt, ist von ca. 860.000 wohnungslosen Menschen auszugehen. Die folgenden Zahlen beziehen sich auf die Struktur der Wohnungslosigkeit abzüglich der wohnungslosen Flüchtlinge: Die Anzahl der Menschen, die ohne jede Unterkunft auf der Straße lebten, betrug 2016 ca. 52.000. Etwa 290.000 der wohnungslosen Menschen (70 %) waren alleinstehend, 130.000 (30 %) lebten mit Partnern und/oder Kindern zusammen. Die Anzahl der Kinder und minderjährigen Jugendlichen unter den Wohnungslosen wurde auf 32.000 (8 %) geschätzt (vgl. BAGW.de, 2018).

ASOG-Wohnheime
In Berlin ist die Unterbringung obdachloser Menschen in Wohnheimen oder Obdachlosenpensionen durch das Allgemeine Sicherheits-

und Ordnungsgesetz (ASOG), ein Berliner Polizeigesetz von 1975 geregelt (gesetze.berlin.de, 2017).

In den deutschen Bundesländern gestaltet sich die Wohnungslosen- und Eingliederungshilfe unterschiedlich. Auch die Vernetzung und Schnittstellenarbeit zwischen den beiden Hilfesystemen ist deutschlandweit nicht einheitlich geregelt. So kann ich in diesem Buch keine generellen Aussagen über den bundesdeutschen Raum treffen, sondern beziehe mich – aus meiner Praxiserfahrung – auf die Beschreibung der Hilfesysteme in Berlin.

Um zu verstehen, was es bedeutet, in Berlin wohnungslos zu sein, braucht es Kenntnisse der Wohnungslosen- und Eingliederungshilfesysteme. In meinen Ausführungen fasse ich die beiden Systeme zusammen und trenne sie, wo es möglich ist und sinnvoll erscheint.

1.1 Die Lebenssituation wohnungsloser, psychisch beeinträchtigter Menschen im Berliner Wohnungslosenhilfesystem

Es gibt Menschen, die ihre Wohnung verlieren und zeitnah in der Lage sind, sich Unterstützung durch das Wohnungslosenhilfesystem zu suchen und diese anzunehmen. In diesem Fall müssen sie (noch) nicht mit zu vielen Wechselwirkungen der sozialen Dimensionen von Exklusion (Wohnungslosigkeit, Armut, Arbeitslosigkeit, Isolation etc.) und der individuellen Dimensionen der Exklusion zurechtkommen (körperliche Erkrankungen und psychische Störungen). Je nach Dauer der Wohnungslosigkeit, den Erfahrungen mit dem Wohnungslosenhilfesystem und der Intensität der erfahrenen Lebenssituationen im Hilfezeitraum können weitere Krisen ausgelöst oder bestehende Ressourcen geweckt werden. Die Berliner Wohnungslosen- und Eingliederungshilfesysteme folgen einer hierarchischen Struktur, die sich in Finanzierung, Zugangsvoraussetzungen und Mitwirkungspflicht sehr unterscheiden. Das in Abbildung 1 dargestellte Stufenmodell veranschaulicht die unterschiedlichen Zugangsschwellen und Anforderungen.

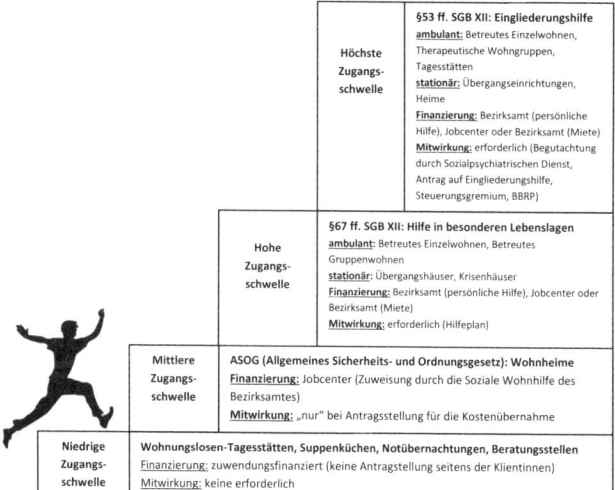

Abbildung 1: Stufenmodell der Berliner Wohnungslosen- und Eingliederungshilfe

Menschen, die auf der Straße leben, wissen meist nicht, wo sie die Nacht verbringen oder mit wie vielen Menschen sie sich in einer Notübernachtung das Zimmer oder den Saal teilen werden. Sie wissen auch nicht, welche Begegnungen sie morgen erwarten werden, wenn sie in einer Suppenküche oder Wohnungslosen-Tagesstätte etwas zu Mittag essen. Diese Menschen gehen meist schon lange keiner Erwerbstätigkeit mehr nach oder haben dies eventuell noch nie getan. Sie sind aus verschiedensten Gründen oftmals nicht (mehr) im Bezug von Hartz-IV-Leistungen. Manche von ihnen sind wegen mangelnder Mitwirkungspflicht so oft sanktioniert worden, dass ihnen die Leistung zum Lebensunterhalt nicht mehr in monetärer Form gewährt wird, sondern sie sich Lebensmittelgutscheine abholen müssen. Diese Sanktionierung wird von vielen als diskriminierend und entwürdigend empfunden. Sie ziehen es vor, Obdachlosenzeitungen zu verkaufen oder sich Geld zu erbetteln. Manch andere haben gravierende Schwellenängste vor Behördenstrukturen oder wissen nicht, wie ein Antrag auf Arbeitslosengeld II auszufüllen ist. Deswegen tun sie es erst gar nicht, sie wollen vom Hilfesystem unabhängig sein.

Diejenigen, die den Weg in die Soziale Wohnhilfe eines Bezirksamtes finden und sich beispielsweise in einem Wohnheim nach dem Allgemeinen Sicherheits- und Ordnungsgesetz (ASOG) unterbringen lassen, müssen noch die Hürde des Jobcenters nehmen, um sich eine Kostenübernahme für das Wohnheim zu organisieren. Dann steht einer längerfristigen Unterbringung mit einer mittleren Zugangsschwelle nichts mehr im Weg. Die meisten ASOG-Wohnheime bieten Mehrbettzimmer an, manche auch Einzelzimmer. Diese sind für Menschen vorgesehen, die wegen ihrer psychischen Störungen oder anderer gesundheitlichen Belastungen nicht mit anderen zusammenwohnen können. In manchen ASOG-Unterkünften sind Sozialpädagoginnen und Sozialpädagogen beschäftigt. Sie unterstützen die Klienten bei der Beantragung eines Personalausweises oder diverser ALG-II-Leistungen: Hilfe zum Lebensunterhalt, einmaligen Beihilfen oder Mehrbedarfe, eines Berlin-Passes zur vergünstigten Nutzung des Berliner Nahverkehrs. Auch die Regulierung von (Miet-)Schulden kann in die Wege geleitet werden, indem Termine mit Schuldnerberatungsstellen vereinbart werden. Das Ziel dieser Unterbringungsform ist die Beseitigung der akuten Obdachlosigkeit. Ein Fernziel ist die Beseitigung der Wohnungslosigkeit – meist über den Weg der Vermittlung in weiterführende Hilfen. Viele Bewohner in ASOG-Unterkünften geben sich mit einem Leben zufrieden, das außerhalb von Familie, jedoch innerhalb einer bekannten Umgebung stattfindet. Nach mehreren Wochen, Monaten oder Jahren entstehen (Zweck-)Freundschaften. Das Leben mit drei oder vier mitunter immer wieder wechselnden Zimmernachbarn, die zum Teil ähnliche Erfahrungen machten wie sie selbst, wird oftmals zum Dauerzustand.

Diejenigen, für die eine höherschwellige Hilfeform geeignet ist und die imstande sind, diese anzunehmen, können »Hilfen in besonderen Lebenslagen« beantragen. Das bedeutet, dass sie entweder ambulant im Betreuten Einzelwohnen (in der noch eigenen Wohnung bzw. einer Trägerwohnung), im Betreuten Gruppenwohnen oder stationär in einem Übergangshaus oder einer Kriseneinrichtung betreut werden. Hier werden, im Unterschied zu den ASOG-Wohnheimen, meist Einzelzimmer vorgehalten, so dass den Klienten ein Ort des so notwendigen Rückzugs ermöglicht wird. Zudem ist der Betreuungsschlüssel höher, da die Klienten regelmäßige Beratungsgespräche wahrnehmen und an der Umsetzung ihrer im Hilfeplan festgelegten Ziele mitwirken müssen. Wenn Suchterkrankungen oder psychische Beeinträchtigungen eine auffallend große Rolle in ihrem Leben spielen und die verschiedenen Hilfeangebote der Wohnungslosenhilfe nicht ausreichend sind, versuchen die Helferinnen die Klienten in das Hilfesystem der Eingliederungshilfe überzuleiten.

1.2 Die Lebenssituation wohnungsloser, psychisch beeinträchtigter Menschen im Berliner Eingliederungshilfesystem

Viele unserer Klientinnen wurden vor der Aufnahme in unseren Wohnverbund im Rahmen der Wohnungslosenhilfe betreut. Viele von ihnen haben »Hilfe in besonderen Lebenslagen« ambulant, in einer Trägerwohnung oder in einem Übergangshaus in Anspruch genommen. Wegen krisenhaften Situationen – beispielsweise durch

Selbstverletzungen, suizidale Verhaltensweisen, depressive oder wahnhafte Phasen – folgte oft ein mehrmonatiger Aufenthalt in einer psychiatrischen Klinik, nicht selten mit medikamentöser Einstellung durch Psychopharmaka. Manche von ihnen wurden gemäß des Psychisch-Kranken-Gesetzes (PsychKG) zwangseingewiesen, einige waren freiwillig dort, um sich psychisch zu stabilisieren. Während des Klinikaufenthaltes wurden sie vom Sozialdienst des Krankenhauses im Steuerungsgremium vorgestellt, das darüber entscheidet, welcher Träger des Bezirkes die passendste Hilfe anbieten kann.

In das Eingliederungshilfesystem kommen die Klienten also oft vom Wohnungslosen- und über das Gesundheitssystem. Manche haben auch keinen Kontakt mit dem Wohnungslosenhilfesystem, sondern werden direkt durch das Eingliederungshilfesystem betreut.

Nach dem aufwendigen Einzugsprozedere benötigen viele Klienten einige Wochen, um emotional in der therapeutischen Wohngemeinschaft oder dem Betreuten Einzelwohnen anzukommen. Nach wochen- oder monatelangem Zusammensein mit Menschen, die sie sich in der Klinik, dem Wohnheim oder dem Übergangshaus nicht aussuchen konnten, sind sie in der Mehrzahl erleichtert, nun ihr eigenes Zimmer zu bewohnen. In dieser Phase reflektieren viele der Bewohnerinnen ihre Lebenssituation. Sich bewusst zu werden, ohne familiären Anschluss oder Freunde zu sein, also ohne Menschen, die einem wirklich nahe stehen und denen man vertrauen kann, schmerzt sehr. Gemeinsam mit der jeweiligen Bezugsbetreuerin den Berliner Behandlungs- und Rehabilitationsplan auszufüllen, erfordert von vielen Klienten große Ehrlichkeit, viel Mut und Reflexionsvermögen. Mögliche Inhalte eines Behandlungs- und Rehabilitationsplanes sind in Kapitel 2.4 beispielhaft dargestellt.

Infokasten 2

PsychKG

Das PsychKG (Psychisch-Kranken-Gesetz) ist das Gesetz über Hilfen und Schutzmaßnahmen bei psychischen Krankheiten.

In § 16 ist Folgendes geregelt: »Der Zweck einer Unterbringung ist die Abwehr einer der in § 15 Absatz 2 Satz 1 genannten Gefahren. Zugleich dient sie der Heilung, Besserung oder Linderung oder der Verhütung einer Verschlimmerung der psychischen Krankheit oder der psychischen Störung der untergebrachten Person« (gesetze.berlin.de, 2016).

Steuerungsgremien

Im Rahmen der Eingliederungshilfe haben die Berliner Bezirke entweder zwei Steuerungsgremien, die in die Bereiche Sucht und Psychiatrie unterschieden werden oder beide Bereiche sind in einem Gremium zusammengefasst. Das Steuerungsgremium wird durch den Psychiatriekoordinator des Bezirkes geleitet. Weitere Vertreter des Bezirksamtes sind Sozialpädagoginnen und Amtsärzte des Sozialpsychiatrischen Dienstes sowie Mitarbeitende des Fallmanagements, die den finanziellen Aspekt der Hilfe beachten. Sozialpädagogisches oder psychologisches Fachpersonal freier Träger, die entsprechende Wohn- und Betreuungsangebote vorhalten, sowie Mitarbeitende der Krankenhaus-Sozialdienste sind ebenfalls vertreten. Ziel der Steuerungsgremien ist es, die Betroffenen in adäquate Wohn- und Betreuungsangebote zu vermitteln.

Betreute Wohnformen im ambulanten Bereich der Eingliederungshilfe

Die ambulanten Wohnformen für psychisch beeinträchtigte Menschen (neben therapeutisch betreutem Wohnen in Heimen und

Übergangseinrichtungen sowie Betreutem Wohnen für Substituierte) lassen sich nach drei Arten unterscheiden:
1. Das Betreute Einzelwohnen (BEWSB) in der eigenen Wohnung oder in einer Trägerwohnung: In einer Trägerwohnung ist die Maßnahme der Eingliederungshilfe an diese gekoppelt.
2. Das Therapeutische Gruppenwohnen (TWGSB) in Gruppengrößen von zwei bis sieben Personen (vgl. berlin.de, 2014): In manchen dieser Einrichtungen arbeiten Nachtbereitschaften, in anderen wohnen Helferinnen und in weiteren wohnen die Klientinnen ohne nächtliche Ansprechpartnerinnen.
3. Die Therapeutisch betreute Wohngemeinschaft für seelisch Behinderte mit Nachtwache (TWASB): In Wohngemeinschaften stellen diese eine Ausnahme dar, da Nachtwachen – im Gegensatz zu Nachtbereitschaften – wach bleiben müssen und so eine 24-Stunden-Betreuung gewährleistet wird (berlin.de, 2018b).

2 Rechtliche Grundlagen und organisatorischer Rahmen der Eingliederungshilfe

Dieses Kapitel verweist auf das Bundesteilhabegesetz und benennt mögliche Auswirkungen auf die Eingliederungshilfe. Darüber hinaus ist es wichtig, Begrifflichkeiten wie »psychische Störung« und »Behinderung« für den Kontext meiner Ausführungen zu definieren. Es folgen Erläuterungen zum Zusammenhang von bio-psycho-sozialem Modell, personbezogenen Faktoren und der Berliner Behandlungs- und Rehabilitationsplanung.

2.1 Bundesteilhabegesetz und Eingliederungshilfe

> **Infokasten 3**
>
> **Bundesteilhabegesetz**
> Seit der Verabschiedung des Bundesteilhabegesetzes (BTHG) am 29. Dezember 2016 tritt das neue Rehabilitations- und Teilhaberecht bis zum 1. Januar 2023 stufenweise in Kraft und wird zu einem novellierten Sozialgesetzbuch (SGB IX-neu) führen. Ziel ist es, die Grundlagen für ein leistungsfähiges Rehabilitations- und Teilhaberecht zu modernisieren und damit die Lebenssituation von Menschen mit Behinderung durch mehr Selbstbestimmung und mehr Teilhabe zu verbessern (vgl. bar-frankfurt.de, 2017a).
>
> Das SGB IX wird mit dieser Neuerung vom Leistungsausführungsgesetz, in dem Grundsätze und Verfahrensweisen geregelt sind, zum Leistungsgesetz mit eigenen Rechtsansprüchen einschließlich eines eigenen Vertragsrechtes für die Leistungserbringer aufgewertet (vgl. von Boetticher, 2018).
>
> **Eingliederungshilfe (derzeit noch gem. §§ 53 ff. SGB XII)**
> Die Eingliederungshilfe wird aus dem Fürsorgesystem des Sozialhilferechts (SGB XII) herausgelöst und ab 2020 als neuer zweiter Teil in das SGB IX-neu aufgenommen. Nach wie vor bekommen Menschen dann Eingliederungshilfe, wenn sie durch eine Behinderung wesentlich in der Fähigkeit, an der Gesellschaft teilzuhaben, eingeschränkt oder von einer solchen wesentlichen Behinderung bedroht sind (vgl. bar-frankfurt.de, 2017b).

Infokasten 4

Definition: Psychische Störung
Mit der Einführung der Internationalen statistischen Klassifikation der Krankheiten und verwandter Gesundheitsprobleme (ICD-10-GM) wurde der Begriff »Störung« verwendet, um einen klinisch erkennbaren Komplex von Symptomen oder Verhaltensauffälligkeiten zu bezeichnen, der immer auf der individuellen und oft auch auf der Gruppen- oder sozialen Ebene mit Belastung und mit Beeinträchtigung von Funktionen verbunden ist, sich aber nicht auf der sozialen Ebene allein darstellt. Der Begriff »psychische Störung« wird als wertneutraler angesehen als die bis dato verwendeten Begrifflichkeiten »psychische Krankheit« oder »psychische Erkrankung« bzw. »psychosomatische Erkrankung« (vgl. bar-frankfurt.de, 2017c).

Definition: Behinderung (§ 2 SGB IX, Abs. 1)
»Menschen sind behindert, wenn ihre körperliche Funktion, geistige Fähigkeit oder seelische Gesundheit mit hoher Wahrscheinlichkeit länger als sechs Monate von dem für das Lebensalter typischen Zustand abweichen und daher ihre Teilhabe am Leben in der Gesellschaft beeinträchtigt ist. Sie sind von Behinderung bedroht, wenn die Beeinträchtigung zu erwarten ist« (sozialgesetzbuch-sgb.de, 2017).

Abgrenzung: Psychische Störung und Behinderung
Das mögliche erneute Auftreten akuter Krankheitssymptome und der variable Einfluss, den diese Symptome auf Art und Ausmaß der Behinderung ausüben, verdeutlichen die Schwierigkeit, psychische Störung und Behinderung voneinander abzugrenzen (vgl. bar-frankfurt.de, 2017c).

2.2 Definition psychischer Störungen aus systemischer Sicht, das bio-psycho-soziale Modell und die Internationale Klassifikation der Funktionsfähigkeit, Behinderung und Gesundheit – International Classification of Functioning, Disability and Health (ICF)

Nach Rotthaus (2018) verfügt die systemische Therapie über eine eigene klinische Theorie und Methodologie zur Erklärung und zur Behandlung psychischer Störungen, die als Störung der Systemumweltpassung definiert werden. Individuelle Symptome werden als Ergebnis von krankheitserzeugenden und -aufrechterhaltenden Beziehungsmustern im Kontext wichtiger Bezugspersonen gesehen.

Ergänzend sei Ludewigs Definition psychischer Störungen als polysystemische, bio-psycho-soziale Phänomene angeführt, wobei er auf differentialdiagnostische Abwägungen verweist: »Je nachdem, welcher Aspekt im Vordergrund steht oder am ehesten als veränderungsfähig erscheint, soll die Therapie auf die beteiligten biologischen, psychischen oder sozialen Systeme ausgerichtet werden« (Ludewig.de, 2009, Folie 46). Er beschreibt die einzelnen, in Interaktion stehenden Subsysteme zusammenfassend wie folgt (Folie 45):

- »*biologisch:* neurophysiologische, kognitive und emotionale Vulnerabilität (›Begabung‹),
- *sozial:* reale/wahrgenommene, überfordernde Erwartungen/Forderungen/Wertungen im Umgang mit der sozialen Umwelt (›Stressoren‹) bei einem Mangel an protektiven Faktoren,
- *psychisch:* ›eigenartiger‹ Sinngebungsprozess der inneren Empfindungen bzw. der äußeren Resonanz (partieller bis totaler Rückzug aus der gemeinsamen Realität).«

Ferner beschreibt Ludewig eine psychische Störung als »individuell und/oder interaktionell ausgelöstes und durch Wiederholung aufrecht erhaltenes Verhaltensmuster und/oder Erlebensmuster, das als veränderungsbedürftiges Problem bewertet, als leidvoll erlebt und in der Regel als nicht gezielt beeinflussbar wahrgenommen wird« (vgl. Ludewig, 2009, Folie 46).

Lieb (2014) zufolge suggeriert die Verwendung der Begriffe »Störung« und »Krankheit«, es handle sich bei ihnen um objektive Fakten. Demgegenüber rekonstruieren Systemtherapeuten in der Regel »störungsspezifisches Geschehen« als Verhalten, das jemand (mehr oder weniger) freiwillig gewählt hat. Von »Defizit« zu sprechen, hat aus diesem Blickwickel keine Berechtigung (vgl. Lieb, 2014, S. 41 f.). Aus systemischer Perspektive kommt so gesehen der aktive, verantwortungsbewusste und handelnde Anteil des Einzelnen zum Tragen. Verhaltensweisen können reflektiert und wenn sinnvoll, notwendig und passend (wieder) verändert werden.

Einige der Änderungen im SGB IX-neu orientieren sich an der UN-Behindertenrechtskonvention. Der Behinderungsbegriff in § 2 SGB IX-neu setzt einen deutlicheren Schwerpunkt auf die Wechselwirkungen zwischen Person und Umwelt und gründet in seinem Verständnis auf dem bio-psycho-sozialen Modell, das auch der Internationalen Klassifikation der Funktionsfähigkeit, Behinderung und Gesundheit (ICF) zugrunde liegt. Abbildung 2 zeigt das der ICF als Basis dienende Verständnis der Wechselwirkungen zwischen den verschiedenen Komponenten: Gesundheitsproblem, Körperfunktionen und -strukturen, Aktivitäten, Partizipation, Umweltfaktoren und personbezogenen Faktoren (DIMDI, 2005, S. 21).

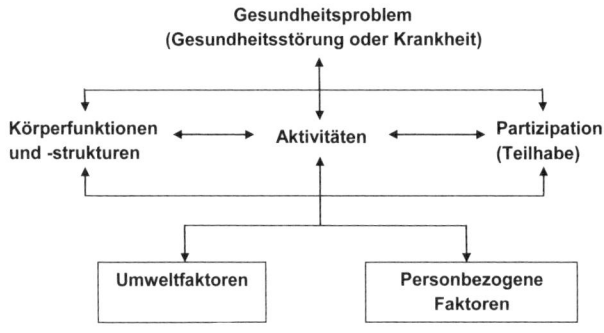

Abbildung 2: Das bio-psycho-soziale Modell der Komponenten von Gesundheit (DIMDI, 2005, S. 21)

2.3 Personbezogene Faktoren

»Aufgrund der unterschiedlichen kulturellen Bedingungen in den Mitgliedsländern der Weltgesundheitsorganisation (WHO) wurde bei der Entwicklung der ICF auf die Ausarbeitung einer Klassifikation verzichtet. Es werden lediglich Inhalte aufgezählt: Alter, Geschlecht, Charakter, Lebensstil, Coping (Form der Problembewältigung), ethnische Zugehörigkeit, sozialer Hintergrund, Bildung und Ausbildung, Beruf, Erfahrung, Motivation, Handlungswille, Mut, Fitness, Lebensstil, Gewohnheiten, Erziehung und genetische Prädisposition«, erklären Grampp, Jackstell und Wöbke (2013, S. 64).

Personbezogene Faktoren wurden von Cibis und Grotkamp seitens der Bundesarbeitsgemeinschaft Rehabilitation (dgrw) bereits 2011 inhaltlich ausgearbeitet (s. Infokasten 5). Diese werden in unserem Wohnverbund überwiegend schon berücksichtigt, unabhängig davon, ob sie in der ICF zukünftig als Klassifikation Eingang finden oder nicht.

Infokasten 5

Zu personbezogenen Faktoren gehören:

- allgemeine Merkmale wie Alter, Geschlecht, genetische Ausstattung;
- die physische Ausstattung,
- die mentale Ausstattung,
- Einstellungen (Lebenszufriedenheit, Gesundheit, Interventionen und Hilfen, Arbeit, soziales Leben),
- Grundkompetenzen (v. a. Sozial- und Selbstkompetenz),
- Verhaltensgewohnheiten/Lebensstil (Konsum stoff(un)gebundener Suchtmittel, Ernährung, Tag-Nacht-Rhythmus),
- die Lebenslage (Einbindung in das direkte, familiale und soziale Umfeld, Wohn-, Beschäftigungs- und finanzielle Situation),
- sozioökonomische und kulturelle Merkmale
- und anderes wie z. B. Persönlichkeitsmerkmale (Verlässlichkeit, Sorgfalt, Prinzipientreue, Fleiß, Emotionalität, Offenheit gegenüber neuen Erfahrungen, Umgänglichkeit, Selbstvertrauen, Optimismus, Motivation).

Nach Grotkamp et al. (2014) sind personbezogene Merkmale solche, »die nicht Teil des Gesundheitsproblems sind. Sie können im Sinne von Förderfaktoren die negativen Auswirkungen eines Gesundheitsproblems auf die Funktionsfähigkeit soweit abmildern, dass die Person z. B. trotzdem an ihr wichtigen Lebensbereichen teilhaben kann. Sie können aber auch als Barrieren fungieren und zur Beeinträchtigung der Teilhabe beitragen« (S. 173). Aus meiner Sicht ist hier einzuwenden, dass personbezogene Merkmale sehr wohl Teil des Gesundheitsproblems sein können. Wenn ein Mensch an einer Depression erkrankt ist, spielen seine Haltung zum Gesundheits- oder Hilfesystem sowie seine Motivation eine wesentliche Rolle. Angenommen, Menschen mit einer eher negativen Lebenseinstellung leiden häufiger an depressiven Erkrankungen als Menschen, die generell optimistischer ins Leben blicken, dann wäre das personbezogene Merkmal »Einstellung« oder auch »Haltung« durchaus Teil des Gesundheitsproblems. Entsprechend wäre es umso notwendiger, personbezogene Merkmale in die ICF einzubeziehen. Gleichzeitig wäre die Umsetzung in einem Manual gut zu überlegen, um nicht einem Übermaß an Bürokratisierung Vorschub zu leisten.

2.4 Zugangsvoraussetzungen in das Eingliederungshilfesystem gemäß Berliner Behandlungs- und Rehabilitationsplan (BBRP)

Infokasten 6

Zugangsvoraussetzungen in das Eingliederungshilfesystem gemäß Berliner Behandlungs- und Rehabilitationsplan (BBRP)

»Der Bedarf wird auf Grund von ärztlichen Gutachten oder Zeugnissen, fachpädagogischen Stellungnahmen und Sozialberichten ermittelt, daneben auch mit Instrumenten, die auf wissenschaftlichen Methoden […] basieren. […] Hilfe- und Gesamtplanung muss sich auf die Mobilisierung der Ressourcen des Menschen mit Behinderung fokussieren und sich nicht an seinen Defiziten orientieren« (berlin.de, 2018a). In Berlin wird insbesondere der Hilfebedarf von Menschen mit Behinderung (HMB) nach Metzler – verkürzt Metzler-Verfahren – auf den Personenkreis der Menschen mit geistiger und körperlicher Behinderung angewandt. Der BBRP dient der Hilfeplanung für Menschen mit psychischer Behinderung (vgl. berlin.de, 2018a).

Der bisherige Berliner Behandlungs- und Rehabilitationsplan (BBRP) trägt Teilen des bio-psycho-sozialen Ansatzes Rechnung. Neben biografischen Angaben zur bisherigen Lebenssituation in den Bereichen Wohnen, Soziales, Finanzen, Schulden, rechtliche Situation, Gesundheit und Arbeit/Beschäftigung geht er auf klientenspezifische Wünsche ein. Der BBRP benennt Fähigkeiten jenseits der psychischen Störung sowie Beeinträchtigungen, die durch die psychische Störung bedingt sind, etwa bei der Aufnahme und Gestaltung persönlicher und sozialer Beziehungen sowie in den Lebensfeldern Selbstversorgung/Wohnen, Tagesgestaltung, Freizeit, Teilhabe am gesellschaftlichen Leben sowie Arbeit bzw. arbeitsähnliche Tätigkeiten/Ausbildung. Weiter führt der BBRP Ziele, Indikatoren und Vorgehensweisen in den Lebensfeldern Selbstversorgung/Wohnen, Tages-, Freizeit- und Kontaktgestaltung, Beschäftigung, Arbeit und Ausbildung auf sowie z. B. psychische Stabilisierung und Vermeidung von Krisen oder Auseinandersetzung mit der Störung. Im BBRP erfolgt eine Einschätzung der Zuordnung in eine Hilfebedarfsgruppe (HBG), die sich nach einem erbrachten zeitlichen Hilfeumfang in den zuvor genannten Lebensbereichen richtet. Ein Beispiel für einen BBRP soll der Veranschaulichung von Zielen, Indikatoren und Vorgehen dienen:

Ziele, die erreicht werden sollen, wenn Beeinträchtigungen vorliegen, die aus einer psychischen Erkrankung entstanden sind:
- psychische Stabilisierung und Vermeidung von Krisen (Steigerung der Frustrationstoleranz, Verringerung der Aggressionen),
- Auseinandersetzung mit der Erkrankung.

Indikatoren dafür, dass die Ziele erreicht wurden, sind:
- Herr X hat in Krisenzeiten feste Ansprechpartner und fühlt sich sicher.
- Herr X nimmt regelmäßig Termine in der psychiatrischen Institutsambulanz wahr.

Ein Vorgehen, das sich empfiehlt, um die Ziele zu erreichen, bietet:
- feste Bezugsbetreuung durch duales Betreuungssystem,
- ein Angebot der systemischen Beratung (von systemischer Therapeutin), ein Angebot der psychologischen Beratung (von Diplom-Psychologin),
- Entlastungsgespräche (über Ängste, Handlungsmuster, Reflexion von Gefühlen),
- regelmäßige Hausbesuche,
- Begleitung zu Terminen in der psychiatrischen Institutsambulanz.

Ziele im Lebensfeld Selbstversorgung/Wohnen, die erreicht werden sollen, wenn Beeinträchtigungen vorliegen, die aus einer psychischen Erkrankung entstanden sind – oder wenn die Fertigkeiten einer adäquaten Selbstversorgung oder Wohnraumhygiene sozialisationsbedingt zuvor nicht erlernt werden konnten – umfassen:
- eine angemessene Grundhygiene im Wohnraum,
- regelmäßige und ausgewogene Ernährung,
- regelmäßige Einnahme der Medikamente,

- wirtschaftlicher Umgang mit zur Verfügung stehenden Mitteln, Schuldenregulierung,
- Unterstützung beim Umgang mit Behörden, Hilfestellung bei Antragstellungen.

Indikatoren dafür, dass die Ziele erreicht wurden, sind:
- Herr X reinigt sein Zimmer mit Unterstützung einmal wöchentlich und kommt seinen Verpflichtungen in der Therapeutischen Wohngruppe nach.
- Herr X kauft regelmäßig Lebensmittel und isst mindestens einmal wöchentlich eine warme Mahlzeit.
- Herr X nimmt die Begleitung zur Schuldnerberatung an.
- Herr X kann seine finanziellen Mittel über einen Monat einteilen.
- Herr X kann Unterstützung und Begleitung zur Realisierung von Anliegen gegenüber Behörden annehmen und einfordern.

Ein Vorgehen, das sich empfiehlt, um die Ziele zu erreichen, bietet:
- Hilfestellung bei der Zimmerreinigung,
- Motivation zur Teilnahme an den Frühstücks- und Kochgruppen,
- tägliche Einteilung der Medikamente,
- dreimal wöchentlich Geldeinteilung, Haushaltsplanung, Unterstützung bei der Postbearbeitung,
- Begleitung und Unterstützung bei Behördengängen.

Ziel im Lebensfeld Tages-, Freizeit- und Kontaktgestaltung, das erreicht werden soll, wenn Beeinträchtigungen vorliegen, die aus einer psychischen Erkrankung entstanden sind – oder wenn diesbezügliche Fähigkeiten und Fertigkeiten sozialisationsbedingt zuvor nicht erlernt werden konnten – ist:
- den Aufbau und die Intensivierung sozialer Kontakte und das Vermeiden von Rückzugstendenzen bei Konflikten.

Indikator dafür, dass das Ziel erreicht wurde, ist:
- Herr X nimmt regelmäßig an den Gruppenangeboten teil und setzt sich mit seinem eigenen Verhalten auseinander.

Ein Vorgehen, das sich empfiehlt, um das Ziel zu erreichen, bietet:
- wöchentliche Beschäftigungs- und Gruppenangebote (Frühstücks- und Kochgruppen, Gruppentraining sozialer Kompetenzen, Metakognitives Training),
- Teilnahme an spezifischen Beratungsangeboten (sozialpädagogische Beratung und Begleitung, psychologische Beratung, systemische Beratung, kunsttherapeutische Angebote).

Ziel im Lebensfeld Beschäftigung, Arbeit und Ausbildung, das erreicht werden soll, wenn Beeinträchtigungen vorliegen, die aus einer psychischen Erkrankung entstanden sind, oder wenn diesbezügliche Fähigkeiten/Fertigkeiten sozialisationsbedingt zuvor nicht erlernt werden konnten, ist:
- die Klärung der Erwerbsfähigkeit und die Stabilisierung der Belastbarkeit bzw. Ausdauer.

Indikator dafür, dass das Ziel erreicht wurde, ist:
- Herr X nimmt regelmäßig an Beschäftigungsangeboten teil, erlangt somit eine Tagesstruktur und nimmt Termine im Jobcenter wahr.

Ein Vorgehen, das sich empfiehlt, um das Ziel zu erreichen, bietet:
- eine Tagesstruktur mit längerfristig angelegten Beschäftigungs- und Gruppenangeboten,
- motivierende Gespräche im Einzelsetting,
- Vorbereitung und Nachbesprechung der Termine im Jobcenter und bei eventueller Kontaktaufnahme zu Arbeitsgelegenheiten des Jobcenters.

2.5 Ziele und Angebote eines Berliner Wohnverbundes für Menschen mit psychischen Störungen

Wie dargestellt sind neben persönlichen Zielen mögliche weitere die Teilhabe am gesellschaftlichen Leben, die Stabilisierung der Lebenssituation sowie die Sicherstellung der Grundversorgung. Eine konstruktive Auseinandersetzung mit der Suchterkrankung, das heißt die Entwicklung einer Veränderungsmotivation, Reduzierung des Suchtmittelkonsums sowie Punktabstinenz können weitere positive Veränderungen in die Wege leiten. Ein wichtiges Ziel ist es, sich mit der eigenen psychischen Störung oder entsprechenden Auffälligkeiten auseinanderzusetzen. Die Befähigung zur eigenständigen, sinnvollen Alltagsorganisation, das heißt sich regelmäßig gesund zu ernähren und einzukaufen sowie auf die Hygiene zu achten, ist eine wichtige Voraussetzung, um am gemeinschaftlichen Leben teilhaben zu können. Auch die Fähigkeiten, den Alltag zu bewältigen und soziale Beziehungen im Freizeitbereich sowie im Bereich Arbeit/Beschäftigung zu gestalten, spielen eine entscheidende Rolle und sollten gefördert werden. Hierzu finden regelmäßige Einheiten von Metakognitivem Training und dem Gruppentraining sozialer Kompetenzen statt. Wichtig ist ferner, dass die Klienten dabei unterstützt werden, verantwortungsbewusst mit Geld umzugehen. Einen gesunden Tag-Nacht-Rhythmus wiederzuerlangen, sollte ein weiteres Ziel sein.

Eine individuelle Beratung bei behördlichen, beruflichen, rechtlichen oder gesundheitlichen Angelegenheiten und mögliche Begleitung zu Jobcentern, Amtsgerichten, Bürgerbüros, rechtlichen Betreuern, Suchtberatungsstellen, Ärzten, Institutsambulanzen in Krankenhäusern u. a. ist oftmals die Basis dafür, dass die Klientinnen bei ihren eigenen individuellen Zielen vorankommen. Die regelmäßigen Einzelgespräche finden vorwiegend im Büro, hin und wieder auch in der Wohnung der Klientinnen statt. Darüber hinaus ist es wichtig, die Klientinnen bei der Tages- und Kontaktgestaltung durch Beschäftigungsangebote, Freizeitanregungen und Ausflüge zu unterstützen z. B. bei Frühstücks- und Kochgruppen, Achtsamkeitstrainings, Psychoedukationsangeboten, Kochen und Backen im Einzelkontakt oder kunsttherapeutischen Angeboten mit unterschiedlichen Materialien. Klientinnen, die in ihrer eigenen Wohnung betreut werden, haben in der Regel einen geringeren Bedarf an Gruppenangeboten und Einzelgesprächen als diejenigen, die im Rahmen des Therapeutischen Gruppenwohnens oder Betreuten Einzelwohnens in Wohnungen leben, die – im Fall meines Arbeitssettings – direkt über der Büroetage desselben Wohnhauses liegen.

2.6 Bedeutung von Kontextfaktoren

Die Systeme der Wohnungslosenhilfe und der Eingliederungshilfe sind kontextbezogen und multiperspektivisch zu betrachten: Schon die unterschiedlichen Zugangswege und Angebotsschwellen sind wesentlich dafür, dass Hilfe zustande kommt. Eine passgenaue Hilfeform ist entscheidend für den Erfolg. Erfolg wird von den jeweiligen Akteuren unterschiedlich empfunden und konstruiert. Es macht einen wesentlichen Unterschied aus, ob Hilfesuchende in einem mittelschwelligen Obdach, in höherschwelligen Einrichtungen der Wohnungslosenhilfe oder im Rahmen der Eingliederungshilfe untergebracht, beraten oder betreut werden. Die jeweiligen Zugangsvoraussetzungen habe ich in einem Stufenmodell skizziert (vgl. Abbildung 1, S. 19). Zudem ist es maßgeblich für den Verlauf, ob die Betreuung ambulant oder stationär stattfindet, was wiederum von der jeweiligen Situation der Hilfesuchenden abhängt, welche Herausforderungen sie zu meistern haben, ob ihnen aktuell die nötigen Ressourcen zur Verfügung stehen und welche Hilfeformen angenommen werden können. Um abstinent zu leben, ist es z. B. wichtig, die Unterbringung mit sozialpädagogischen und therapeutischen Angeboten zu koppeln, die einen Abstinenzanspruch in ihrer Konzeption verankert haben (vgl. Ludwig, 2017, S. 19). Der Hilfeverlauf ist letztlich auch durch den institutionellen Kontext beeinflusst. Dies gilt sowohl für den Kostenträger als auch für den Dienstleister, explizit deren wirtschaftliche Situation, Unternehmenskultur, personelle Ausstattung, Konzeption und Arbeitszusammenhänge.

Menschen im Lebenskontext Wohnungslosigkeit können uns nahezu überall begegnen – nicht nur in der ambulanten, stationären und teilstationären Wohnungslosen- und Eingliederungshilfe, sondern auch in anderen Arbeitszusammenhängen: in Kliniken und Arztpraxen, der Straffälligenhilfe, in Schuldner- und Suchtberatungsstellen sowie in Qualifizierungsmaßnahmen. So vielfältig die Arbeitskontexte sind, so vielfältig sind auch die Schnittstellen. Der hier zur Verfügung stehende Umfang erlaubt lediglich einen Blick auf die durch Schnittstellen bedingten Wechselwirkungen der beiden Systeme Wohnungslosenhilfe und Eingliederungshilfe, auf die in Kapitel 5 im Rahmen einer kritischen Auseinandersetzung eingegangen wird.

3 Exklusion als Problem – Inklusion als Zielsetzung

Infokasten 7

Exklusion

Der Begriff Exklusion leitet sich aus dem lateinischen Verb »excludere« (dt. ausschließen, abschneiden, hindern) ab und wird im Deutschen mit den Begriffen »sozialer Ausschluss, soziale Ausgrenzung« übersetzt.

Terfloth (2013) konstatiert, es fehle innerhalb der Soziologie ein einheitlicher theoretischer Exklusionsbegriff. Als Kern verschiedener

Überlegungen lässt sich aber festhalten, dass mittels des Exklusionsbegriffs sozialtheoretisch und bildungspolitisch vorrangig soziale Selektionsprozesse sowie deren Ergebnisse beschrieben werden – beispielsweise der Verlust von Teilhabechancen oder der Mangel an sozialer Bedeutung und sozialen Beziehungen.

Beste, Bethmann und Gundert (2014, S. 7, zit. nach Kuhnert, 2017, S. 39) beschreiben die exkludierenden Auswirkungen eines Lebens in Hartz IV so: »Deprivation und soziale Exklusion sind Folgeerscheinungen von Arbeitslosigkeit. Die mangelnde Teilhabe am sozialen Leben aufgrund fehlender Kontakte mit Kolleginnen und die geringen finanziellen Möglichkeiten, gesellschaftliche Angebote wahrzunehmen, können zu Vereinsamung führen. Das Wohlbefinden der Betroffenen sinkt und die Gesunderhaltung wird zur Herausforderung.«

Während meiner langjährigen Praxiserfahrungen wurde deutlich, dass wohnungslose Menschen neben der Tatsache, dass sie kein Zuhause im klassischen Sinne haben, zusätzlich weitere Herausforderungen meistern müssen. Stoff(un)gebundene Suchterkrankungen, psychische Auffälligkeiten oder Störungen und körperliche Erkrankungen spielen ebenso eine Rolle wie Langzeitarbeitslosigkeit, Überschuldung, Schwierigkeiten im Umgang mit Behörden, fehlende soziale Beziehungen, Isolation und Straffälligkeit. Gewalterfahrungen und Traumata, die durch die Wohnungslosigkeit hervorgerufen wurden oder bereits vorher existierten, sind zum Teil ihre Wegbegleiter. Diese zumeist existenziellen Themen bedeuten oft eine Exklusion und können sich gegenseitig auslösen, bedingen und verstärken (vgl. Ludwig, 2017, S. 18). Abbildung 3 unterscheidet individuelle von sozialen Dimensionen der Exklusion und skizziert mögliche reziproke Zusammenhänge und deren

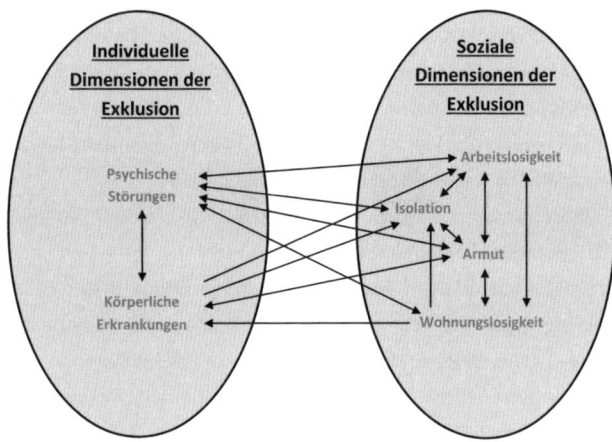

Abbildung 3: Komplexe Eigendynamik von Exklusionsprozessen

komplexe Eigendynamik. Hierbei werden Rollenverluste sowohl durch Selbst- als auch durch Fremdexklusion deutlich. Isolation, die unter anderem dadurch entsteht, dass soziale Netzwerke verloren gegangen sind, beinhaltet beide Exklusionsaspekte, während Arbeitslosigkeit, Armut und Wohnungslosigkeit eher mit Fremdexklusion einhergeht.

Viele unserer Klientinnen leben mit Scham- und Schuldgefühlen ebenso wie mit Selbstzweifeln. Dass diese dazu beitragen können, sich selbst abzuwerten und zu stigmatisieren, ebenso wie die Abwertung durch das Umfeld zur empfundenen Stigmatisierung beitragen kann, zeigt Abbildung 4, die verdeutlicht, wie schwierig es für wohnungslose und psychisch beeinträchtigte Menschen ist, diese Zusammenhänge bei der Auseinandersetzung mit ihrer Vergangenheit und ihren Zielen immer wieder neu zu thematisieren.

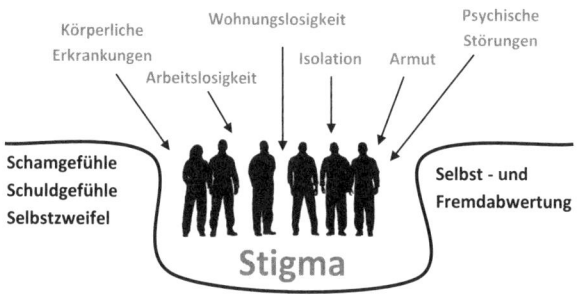

Abbildung 4: Stigmatisierungs-Graben

Infokasten 8

Integration und Inklusion

Auch die Begriffe Integration und Inklusion, die ihren Ursprung in der Sonderpädagogik haben, sind nicht einheitlich definiert.

Das Entwicklungsmodell der Sonderpädagogik von Bürli (1997) wurde von Sander und Hinz erweitert (vgl. Sander, 2002; Hinz, 2004). Die Entwicklung des Umfangs und später der professionellen Begleitung von Menschen mit Behinderung verläuft historisch über fünf Phasen. Der *Extinktion* (Auslöschung bzw. Tötung des Personenkreises) folgt die *Exklusion* (Ausschluss) sowie als dritte die *Separation* (Trennung). Als *Integration* wird die vierte Phase mit Blick auf Teilhabemöglichkeiten unter Ressourcenvorbehalt verstanden. Die fünfte Phase beschreibt die *Inklusion,* die die Verschiedenheit als Normalität ansieht (vgl. Wocken, 2010).

Empowerment

Empowerment leitet sich her vom Englischen »to empower« im Sinne von »befähigen, bemächtigen, ermächtigen«.

Mit Empowerment ist gemeint, Handlungs- und Möglichkeitsspielräume von einzelnen (erneut) zu erweitern, indem Wege beleuchtet und erarbeitet werden, mit deren Hilfe Gefühle der Beeinflussbarkeit und Selbstwirksamkeit entdeckt und wieder verfügbar gemacht werden können. Damit wird der Blick auf Ressourcen und resilientes Verhalten gerichtet. Berater und Therapeuten stellen, ausgehend von der Ebene des Individuums, Verknüpfungen mit dem sozialen Netzwerk und anderen Kontexten her und lösen Prozesse auf bestimmten Ressourcenebenen aus – möglichst mit der Intention, Synergieeffekte auszulösen. Handlungsleitend ist dabei das professionelle Verständnis, das von Kooperation und Partnerschaftlichkeit geprägt ist (vgl. Wirth u. Kleve, 2012, S. 81 f.).

Hüther beschreibt in Vorträgen und Interviews sehr eindrücklich (2013, 2017), wie das Gefühl der Zugehörigkeit und der Verbundenheit mit anderen Menschen dazu beiträgt, dass die Erfahrungen, die wir machen, auch neuronal nachhaltig wirken. Wenn wir dann auch noch die Erfahrung machen, als Subjekt verbunden zu sein, das seine individuellen Potenziale nutzen und in die Gemeinschaft einbringen kann, dann wird nicht nur Integration im Sinne von Teilhabe, sondern auch Inklusion im Sinne der bestmöglichen Nutzung der Verschiedenartigkeit in die Realität umgesetzt.

Integration als Teilhabe am gesellschaftlichen Leben und Inklusion als selbstverständliche Auffassung, dass Menschen verschieden sind, verstehe ich demnach als oberste Zielsetzungen für unsere Klientinnen und Klienten. Zunächst scheint es vorrangig, dass sie selbst am Leben teilhaben wollen und ihre Verschiedenheit als Normalität anerkennen, sich weniger Selbstvorwürfe über familiäre oder berufliche Brüche in ihrem Leben machen. Wieder am Arbeitsleben teilzuhaben, spielt für viele unserer Klientinnen eine sehr große Rolle. Es scheint für sie zunächst sekundär zu sein, ob sie auf dem ersten Arbeitsmarkt, in Beschäftigungstagesstätten oder im Rahmen von Zuverdienst durch Maßnahmen des Jobcenters tätig sind. Primär geht es um eine Tagesstruktur und sinnvolle Beschäftigung. Ausschlaggebend ist es, ein Teil dieser Gesellschaft zu sein und daran mitzuwirken. Einige unserer Klienten streben einen Berufsausbildungsabschluss an, um den Hartz-IV-Bezug hinter sich zu lassen.

Integration und Inklusion sind wesentliche Ziele. Die Lage unserer Wohnungen in einem »normalen« Wohnumfeld eines Berliner Mietshauses trägt dazu bei, einer Ghettoisierung vorzubeugen und Inklusion mit Leben zu füllen. Oftmals geht es auch darum, Klientinnen darin zu unterstützen, mit ihrem Ausgrenzungsempfinden zurechtzukommen. Der Reflexion und der Umdeutung dieses Empfindens kommt in ihrer Lebenssituation eine große Rolle zu, um Ausgrenzung kleinschrittig und langfristig positiv beeinflussen zu können. Mit dem Ende der Maßnahme des Betreuten Wohnens wird häufig angestrebt, in einer eigenen Wohnung zu leben, was meist erst peu à peu und langfristig möglich ist.

Erstes Fallbeispiel: Herr Lohmeyer[2]

Ich stelle einen 42-jährigen Klienten vor, der drei Monate nach seinem Einzug im Rahmen des therapeutischen Wohnens systemische Beratungstermine in Anspruch nahm.

Biografie

Herr Lohmeyer zieht in unser ambulantes Wohnprojekt der Eingliederungshilfe, nachdem die ambulante Betreuung im Rahmen der Wohnungslosenhilfe nicht ausreichend wirksam war. Einer vorherigen Krise begegnet er mit dem insgesamt vierten stationären Aufenthalt in einer Klinik, aus der er in unsere Einrichtung übergeleitet wird.

---

2 Die Fallbeispiele sind durchweg anonymisiert.

Mit 25 Jahren kommt Herr Lohmeyer zum ersten Mal in stationäre psychiatrische Behandlung. Seitdem versucht er mit den Symptomen einer depressiven Störung und einer als sehr hartnäckig empfundenen Zwangsstörung im Alltag zurechtzukommen. In seiner Rolle als Einzelkind zwischen seinem abwesenden, aber im Familiensystem präsenten Vater und seiner ihn über-kontrollierenden Mutter sucht er räumlichen Abstand. Mit 39 Jahren schließt er ein Studium als Filmregisseur ab. Der Studienabschluss fällt ihm schwer, doch bewertet er seinen 14-jährigen Auslandsaufenthalt rückblickend als befreiend. Aufgrund seiner psychischen Beeinträchtigungen ist Herr Lohmeyer seit drei Jahren arbeitslos. Er befindet sich seit 13 Jahren in fortlaufender psychiatrischer, pharmakologischer und psychotherapeutischer Behandlung.

Er ist sehr sprachbegabt und an Kunst und Kultur interessiert. Aufgrund des langen Auslandsaufenthalts hat er weder in Berlin noch in der Wohngegend seiner Eltern, die in einem anderen Bundesland leben, einen stabilen Freundeskreis. Er fühlt sich heimatlos. Die emotionale und finanzielle Abnabelung von den Eltern erlebt Herr Lohmeyer als größte Herausforderung. Seine Eltern haben wenig Verständnis für seine psychischen Beeinträchtigungen, vor allem sein Vater bagatellisiert und ignoriert seine Störung, was ihn belastet. Gleichzeitig sind die elterlichen Erwartungen sehr hoch, nachdem sie zwei Studiengänge finanziert haben.

Wünsche des Klienten

Der Erwartungsdruck der Eltern verstärkt den Wunsch des Klienten, endlich wieder eine Anstellung zu finden. Die Arbeitslosigkeit, einhergehend mit dem Bezug von Hartz-IV-Leistungen, führt darüber hinaus zu dem Gefühl existenzieller Not und mangelnder Perspektive.

Herr Lohmeyer wünscht sich im Rahmen des betreuten Einzelwohnens tagesstrukturierende und therapeutische Angebote, ferner

Unterstützung bei alltagspraktischen Tätigkeiten, die durch seine obsessive Verhaltensstörung sehr beeinträchtigt sind. Er erhofft sich, seine Selbstfürsorge verbessern zu können im Sinne einer Bewältigung und Steuerung seiner Beeinträchtigung und den Aufbau einer neuen Existenz. Er möchte ein soziales und emotionales Zuhause finden und ein neues soziales Netzwerk aufbauen. Er ersehnt sich ein Leben ohne Zwänge und Ängste und spricht dabei von einem »freien und eigenständigen Bewegen«. Er wünscht während der verschiedenen therapeutischen und beraterischen Termine (einschließlich einer Kunsttherapie), konkrete und umsetzbare Ziele für sein weiteres Leben zu definieren. Dabei nimmt er die vielfältigen Beratungs- und Gruppenangebote regelmäßig wahr – auch, um seiner Antriebslosigkeit aktiv entgegenzuwirken.

Erstgespräch und Beratungsbeginn
Im Erstgespräch erläutere ich Herrn Lohmeyer auch meine systemische Haltung, verdeutliche ihm die Zusammenhänge eines Systems am Modell eines Mobiles und erkläre ihn zum »Experten in eigener Sache«. Er kenne sich aus in seinen Lebenszusammenhängen, seinen Systemen, ich sei in der Außenperspektive auf diese eher unwissend (vgl. Lieb, 2014, S. 221). Wichtig sei seine Selbstbestimmung als Klient, insbesondere was seine Aufträge und das Tempo in der Beratung angehe. Einige Tage nach diesem Erstgespräch verschiebt Herr Lohmeyer den geplanten Beginn der Beratung um zwei Monate, um nicht zu viele »Baustellen« gleichzeitig zu bearbeiten. Offenkundig fällt ihm dieses Anliegen nicht leicht, er möchte ein »guter Klient« sein und seine Beraterin nicht enttäuschen. Ich bestärke ihn darin, seine eigenen Gefühle ernst zu nehmen und wiederhole, dass ausschließlich er entscheide, ob oder wann er mit der Beratung beginnen möchte. Sechs Wochen später findet der erste Beratungstermin statt, der die mittlerweile regelmäßigen wöchentlichen Termine einleitet.

Exemplarische Beratungsinhalte und Methoden
Das Wahrnehmen von Gefühlen
Als sich Herr Lohmeyer während des ersten Termins als angestrengt und verwirrt beschreibt, biete ich ihm an, diese Gefühle mit Hilfe von Figuren des Familienbrettes und anderen, sich im Raum befindlichen kleinen Gegenständen aufzustellen, um sie besser differenzieren zu können. Durch diese *Externalisierung* entsteht ein Stimmungsbild seiner Gefühle. Wir explorieren, dass dieses Bild eine Momentaufnahme seiner derzeitigen Gefühle darstellt, die nicht miteinander im Einklang sind, sondern sogar konkurrieren. Dieser Kampf der Gefühle kostet ihn sehr viel Kraft.

Nach Schmidt (2001) und Schindler (2005) bietet sich das *Konzept der inneren Familienkonferenz* an, da mit dem Klienten fokussiert werden kann, wie die verschiedenen intrapsychischen Persönlichkeitsanteile miteinander in Konflikt stehen (Schweitzer u. von Schlippe, 2016, S. 81).

Herr Lohmeyer empfindet es als hilfreich, die Unterschiedlichkeit seiner verschiedenen Anteile zu erkennen und deren beschwerliches miteinander Ringen wahrzunehmen. Er verleiht beiden Seiten eine Stimme. Seine depressive Seite sagt: »Ich habe heute keine Kraft. Ich bekomme heute gar nichts hin.« Der innere Antreiber entgegnet: »Reiß dich zusammen. Du schaffst es, heute hinauszugehen!« In dem Moment, in dem er sich ausschließlich mit einer Seite beschäftigt, erlebt er sich freier und weniger bedrückt. Die Möglichkeit zu akzeptieren, dass heute eben so ein Tag ist, an dem nicht »viel läuft«, nimmt ihm den Druck, den er in der Brustgegend spürt, und er kann wieder freier atmen. Ausschließlich den Fokus darauf zu lenken, die Möglichkeit in Betracht zu ziehen, heute tatsächlich noch das Haus zu verlassen, um seine Besorgungen zu erledigen, lässt ihn wie automatisch aufrechter sitzen und einen Moment innehalten. Fragen, die den Fokus darauf lenken, wie es ihm in solch schwierigen Situationen bisher gelungen sei, doch hinauszugehen, obwohl er lieber im Bett geblieben wäre, erinnern ihn an seine sehr wohl bestehende Handlungskompetenz.

Der Umgang mit Loyalitäten
Während einer weiteren Beratungsstunde erstellt Herr Lohmeyer eine Timeline, um seine persönlichen Ziele für das kommende Jahr zu formulieren. Sie dient dem Abgleich von Wunsch und Wirklichkeit. Er stellt fest, dass er seine gesundheitlichen und beruflichen Ansprüche an sich selbst für dieses Jahr modifizieren muss. Es fällt ihm schwer, sich mit kleineren Zielen zufriedenzugeben. In diesem Zusammenhang wird die verinnerlichte Zuschreibung seines Vaters deutlich, die lautet: »Das schaffst du nicht. War ja klar, dass du scheitern wirst!«

Essen (1998) beschreibt eine Häufung verschiedener Ereignisse im Zusammenhang von Angstdynamik und Familienmustern: Eine starke Loyalität zu beiden Elternteilen, die als tiefe Verbundenheit und gleichzeitig als widersprüchliche Anforderung erlebt wird, spielt dabei eine große Rolle (Schweitzer u. von Schlippe, 2016, S. 91). Ich äußere gegenüber Herrn Lohmeyer die These, er würde an seinen hohen Zielen festhalten, bis er einen anderen Weg finden würde, dem zugeschriebenen Stigma des »Versagers« zu entkommen. Seine Zwänge könnten in diesem Zusammenhang ein Lösungsversuch sein, eine Verbundenheit zu seinem Vater herzustellen, da er so nicht in der Lage sei, arbeiten zu gehen und damit die Zuschreibung seines Vaters bestätige. Bei weiteren Gesprächsterminen geht es darum, gesündere »Anker« für seine Verbundenheit mit seinem Vater zu suchen. Ich erkläre, es wäre meiner Meinung nach nicht zielführend, an zu leicht erreichbaren Zielen zu arbeiten, die diese negative väterliche Zuschreibung allzu leicht durchbrechen und somit seine Verbundenheit zum Vater gefährden würden. Es könnte eine Option sein, eine andersartige Verbundenheit mit seinem Vater zu erarbeiten. Wenn dies nicht möglich sein sollte, bliebe ihm »das Akzeptieren des Unveränderbaren«, das hieße anzuerkennen, dass sein Vater für ihn im Abseits bliebe. Dann wäre zu überlegen, wie er am besten mit dem Unabänderlichen zurechtkäme (vgl. von Schlippe u. Schweitzer, 2016, S. 160).

Zudem ist er über die Zwänge mit seiner Mutter verbunden, die ebenfalls unter Zwängen leidet. Mehrgenerational betrachtet traut Herr Lohmeyer sich (unbewusst) nicht, es sich besser als seine Mutter gehen zu lassen (vgl. Schweitzer u. von Schlippe, 2016, S. 77). Im Verhältnis zu seiner Mutter zeigen sich ähnliche Herausforderungen für den Klienten wie in der Beziehung zu seinem Vater.

Selbstfürsorge und Abgrenzung
Herr Lohmeyer nutzt einige Termine für das Thema »Selbstfürsorge« und zur Reflexion dessen, was ihm in den vergangenen Wochen gut gelungen ist. Dazu zählt auch der Diskurs mit seinen inneren Antreibern und Kritikern, denen er eine Stimme verleiht. Während dieser Termine ist der Zusammenhang zu den Haltungen und Anforderungen des Vaters wieder präsent. Er kann seinem starken Bedürfnis, seinem Vater zu sagen und zu zeigen, was für ihn selbst im Leben wichtig ist, bisher keinen Ausdruck verleihen, da er ihn nicht enttäuschen möchte und zudem phasenweise finanzielle Unterstützung von seinen Eltern annimmt.

Er beschäftigt sich mit der Fragestellung, was für ihn in seinem Leben wichtig ist. Es kristallisiert sich heraus, dass ihm seine Gesundheit als Basis für alle beruflichen und privaten Vorhaben am wichtigsten ist. Er möchte gern besser mit seiner Erkrankung und damit einhergehenden Einschränkungen zurechtkommen. Dazu ist es besonders wichtig, sich auch vom übergriffigen Verhalten seiner Mutter abzugrenzen und ihr klar und deutlich zu sagen, dass sie bestimmte Themen nichts angingen. Dieses Vorhaben gelingt ihm immer besser.

So reflektiert er beispielsweise die verschiedenen, ihm vorher unbekannten Aufträge seiner Eltern, die er während eines Besuchs erledigen soll und als »artiger Sohn« auch erfüllt. Auf Nachfrage kann er sein Gefühl von Stress und Angespanntheit detaillierter mit Ärger, Wut und Enttäuschung umschreiben und den Entschluss fassen, sich bei einem nächsten Besuch besser abzugrenzen, besser für seine eigenen Bedürfnisse zu sorgen und bestimmte Erwartungshaltungen nicht mehr zu erfüllen.

Wir reflektieren regelmäßig Stress auslösende Situationen, um massiven Angst- und Zwangssymptomen besser begegnen zu können; stets mit dem Fokus auf Selbstfürsorge und einem wohlwollenden Blick auf sich selbst.

Entscheidungsfindung – Mut zur Selbstwirksamkeit
Herr Lohmeyer wird von einem ehemaligen Kollegen im Ausland angefragt, ob er bei einer vierwöchigen Filmproduktion Fotos am Set machen wolle. Um seiner Unsicherheit und seinen Zweifeln hinsichtlich des für ihn als Arbeitserprobung empfundenen Angebots zu begegnen, schlage ich ihm die Anwendung einer Methode in Anlehnung an die Tetralemmaarbeit nach Varga von Kibéd und Sparrer (2016) vor.

Da ich Herrn Lohmeyer bisher als sehr selbstkritisch erlebe, bitte ich ihn, sich hauptsächlich auf seine Ressourcen zu besinnen und verschiedene Rollen und deren Eigenschaften auf DIN-A4-Blättern zu notieren. Eine Rolle bezeichnet die Klientenrolle, eine andere die des erfolgreichen Filmemachers. Die dritte Rolle beinhaltet beide Rollen, die vierte eine andere noch unbekannte Rolle. Das Explorieren der Verhaltensweisen und Ressourcen und seiner Gefühle ermöglicht es ihm, die Vision einer weiteren Rolle zu entwickeln; einer Rolle des

»Weder-noch«, die ihm in seiner momentanen Situation als realisierbar erscheint. Dies ist eine Rolle des Beobachters (Fotografen), der am Set die Ressourcen des aktiven und gesunden Anteils des Filmemachers nutzt und sich gleichzeitig seiner emotionalen und psychischen Grenzen bewusst ist. Ihm wird deutlich, dass er somit eine Sonderrolle im Kollegen-System einnehmen würde. Doch dies scheint ihm notwendig, um sein »Experiment« der Arbeitserprobung überhaupt zu wagen, ohne sich dabei zu überfordern. Zur Vorbereitung im Gespräch dienen verschiedene Fragestellungen, wie die Wunderfrage oder Verschlimmerungsfragen und die Externalisierung seiner Angst, unverrichteter Dinge zurückkehren zu müssen.

Trotz akuter Zwangssymptome, die sich am Tag vor der Abreise zuspitzen, fasst er sich ein Herz und nimmt die Herausforderung an. Nach der Rückkehr von seinem erfolgreichen Aufenthalt berichtet er von der bereichernden und anstrengenden Erfahrung der vergangenen vier Wochen. Er ist stolz darauf, so mutig gewesen zu sein, das gewohnte »Helfer-Umfeld« (Zitat) vorübergehend verlassen zu haben. Rückblickend ist es für ihn die richtige Entscheidung gewesen, da er in »seine Kraft« (Zitat) gekommen war und seine gesünderen Anteile stärker spürte. Ferner vermutet er einen positiven Effekt darauf, sich künftig weniger von den Einstellungen seines Vaters beeinflussen zu lassen. Es ist ein Empowerment in kleinen Schritten.

Körperpsychotherapeutische Methoden
Herr Lohmeyer ist als therapieerfahrener Klient offen gegenüber verschiedenen Herangehensweisen. Als wir eine stabile und vertrauensvolle Arbeitsbeziehung aufgebaut haben, lässt er sich auf sanfte körperpsychotherapeutische Methoden ein. Die Berührung meiner Hand auf seinen Schultern und der leicht ausgeübte Druck verstärkt zunächst bewusst sein Gefühl der Anspannung. Der Druck

wird im Sinne einer paradoxen Intervention eingesetzt, damit das Verspannungssymptom zugunsten der Entladung aufgegeben werden kann. Es wird bewusst ein »Mehr desselben« erzeugt, damit Herr Lohmeyer die Rolle des Antagonisten einnehmen kann (vgl. Wienands, 2010, S. 48 f.). Es folgt eine Exploration, um herauszufinden, wofür der Druck im erlebten System stehen könnte. Das Energieniveau wird durch Kraft und Stimme angehoben, um die Problemwirklichkeit zu verstören (vgl. Wienands, 2010, S. 69 f.). Herr Lohmeyer verspürt nach einiger Zeit den Impuls, den Druck herausnehmen zu wollen und bewegt sich. Er schüttelt seinen Oberkörper und streicht seine Arme aus, was ein Gefühl von Lockerheit und Leichtigkeit erzeugt, das er durch Worte verstärkt. Eine Lösungsbewegung ist möglich geworden. Ferner erlebt er, wie er durch die einfache Methode der Selbstbewegung, beispielsweise durch längeres Anheben beider Arme über die Schulterhöhe, ein unbeschwertes Körpergefühl und somit eine leichtere Stimmung hervorrufen kann. Er spürt, wie er seinen Körper als Medium nutzen kann, um Gestaltungsmöglichkeiten zu erweitern und Veränderungsprozesse selbst einzuleiten. Wir überlegen, in den kommenden Wochen zum Trampolinspringen zu gehen, um ihn auf diesem Weg mehr Leichtigkeit in seinem Leben erfahren zu lassen, die er selbst dosieren kann.

Reflexion der Beratung
Mein Ernstnehmen und Bestärken seiner anfänglichen Entscheidung, den Start der Beratung zu verschieben, war meines Erachtens ein wesentliches Moment für die Entwicklung unserer guten Beraterin-Klient-Beziehung. Herr Lohmeyer erlebte, sich nicht artig verhalten zu müssen. Er machte die Erfahrung, von Beginn an Regisseur seiner Belange zu sein, ohne damit unsere Arbeitsbeziehung negativ zu beeinflussen – eher im Gegenteil.

Ich hatte seinen Behandlungs- und Rehabilitationsplan erst etwa nach unserem zehnten Gesprächstermin gelesen, um unvoreingenommen zu sein und Fragen stellen zu können, die sonst vielleicht bereits beantwortet gewesen wären. Ich wollte ihm unbefangen begegnen und ihn unabhängig von Diagnosen und Meinungen anderer Experten kennenlernen. So stolperte ich über einige seiner Aussagen wie: »Ich habe eine Ich-Störung.« Woraufhin ich ihn fragte, ob er die gerade jetzt dabei habe (vgl. Schmidt, 2001). Er war etwas irritiert und schmunzelte. Wir gingen in mehreren Terminen immer wieder auf eine gemeinsame Suche nach den Funktionen seiner Symptome und den Situationen, in denen er symptomfrei war.

Die Aufmerksamkeit im Umgang mit sich selbst in Bezug auf seine inneren Antreiber und inneren Kritiker sowie das Etablieren der Selbstfürsorge, die ihn in seine Kraft kommen ließen, waren wiederkehrende Themen der Beratung. Diese hatten immer das Ziel der Stabilisierung und des Empowerments. Seine Kreativität und Leidenschaft zur Kunst halfen ihm dabei. Er benutzte Metaphern, wenn er von Erlebtem berichtet und konnte über Geschichten einen Transfer zu eigenen Situationen herstellen. Das Darstellen von Figuren auf dem Familienbrett half beim Externalisieren von Gefühlen. Haptische Anker (z. B. Steine) stellten sich als hilfreiche Interventionen zur Stressreduktion in schwierigen Situationen heraus. Auch das Externalisieren von Gefühlen ermöglichte ihm eine Differenzierung in der Wahrnehmung und einen anderen Blick darauf.

Bezeichnend für diesen Beratungsverlauf ist das langsame Tempo. Es gab Phasen, in denen Herr Lohmeyer einen Schritt vor und zwei zurückzugehen schien. Dann wiederum drei Schritte vor und zwei zurück. Es gab Phasen eines scheinbaren »Auf-der-Stelle-Tretens«, Aushaltens der Situation, Anpassen des Tempos, Phasen des Reflektierens und der Druckreduzierung. Genau dies war eines seiner wichtigen Themen: langsam sein zu dürfen, keine Aufträge erfüllen zu müssen und den inneren Antreibern einerseits zumindest für kurze Zeit und immer wieder einmal »den Mund zu verbieten«. Diese Antreiber andererseits zu einem anderen Zeitpunkt wertzuschätzen und dankbar anzunehmen, um mit ihrer Hilfe Entwicklungsschritte gehen zu können.

Körperpsychotherapeutische Methoden erleichterten ihm den Zugang zu seinen Gefühlen und das Einleiten von Veränderungsprozessen. Hierbei war es hilfreich, sein Tempo zu beachten, es ernst zu nehmen und eventuelle Bedürfnisse durch das Spiegeln von Körperhaltung, Mimik oder leisem Seufzen thematisch aufzugreifen und zu explorieren. Herr Lohmeyer traute sich in einem Termin zu spüren, dass Gedanken, Gefühle und Handlungen auf Haltungen basieren, die durch Erfahrungen geformt und daher nur durch korrigierende Erfahrungen verändert werden können (vgl. Wienands, 2014, S. 120).

4 Der Träger, einrichtungsspezifische Merkmale des Wohnverbundes und systemische Beratung

Der Träger[3], bei dem ich seit 15 Jahren tätig bin, wurde 1994 in Berlin gegründet, um Menschen in besonderen Notlagen zu helfen. Gegenwärtig unterhält er Einrichtungen in den Bereichen Wohnungsnotfallhilfe und Eingliederungshilfe. Für diese Einrichtungen bestehen nach dem 12. Sozialgesetzbuch Leistungsvereinbarungen mit dem Land Berlin oder andere Leistungs-, Kooperations- bzw. Zuwendungsvereinbarungen. Die Einrichtungen und Dienste des Trägers bieten im

---

3   Um die Anonymität der Klienten zu wahren, die bereit waren, im Zusammenhang mit unserer Zusammenarbeit einen Einblick in die systemische Praxis zu ermöglichen, wird der Name des Trägers und der Einrichtung nicht genannt.

Rahmen der Wohnungsnotfall- und Eingliederungshilfe unter anderem Existenzsicherung, Prävention, Integration und Beheimatung als Leistungen an.

Infokasten 9

Wohnungsnotfallhilfe umfasst

Existenzsicherung/akute Hilfe bestehend aus:
- Notunterbringung bei Wohnungsverlust und Obdachlosigkeit,
- Versorgung bei akuter Obdachlosigkeit mit Nahrung und Bekleidung,
- Erste Hilfe zur Erlangung gesetzlicher Leistungen (Sozialhilfe etc.).

Prävention – Maßnahmen zur Verhütung von Wohnungsverlust und Obdachlosigkeit bestehend aus:
- Hilfen zur Überwindung sozialer Schwierigkeiten,
- Aufsuchende Sozialarbeit etc.

Integration – befristete Unterkunft verbunden mit sozialpädagogischen Beratungsangeboten bestehend aus:
- Hilfen zur allgemeinen Haushaltsführung und Wohntraining,
- Beratung zur Beseitigung akuter finanzieller Notlagen,
- Einleitung einer Schuldenregulierung,
- Hilfen zur Wiedererlangung einer eigenen Wohnung,
- Unterstützung nach Anmietung einer Wohnung etc.

Eingliederungshilfe umfasst

Integration bestehend aus:
- Beratung und Betreuung zur Verbesserung der gesundheitlichen Situation,

- Beratung und Vermittlung zur Überwindung einer Suchterkrankung,
- weitere Hilfen zur Teilhabe am gesellschaftlichen Leben.

Beheimatung bestehend aus:
- Leistungen der Grundpflege,
- Unterstützung beim Wohnen,
- Sicherstellung der und Anleitung zur hygienischen Versorgung,
- Vollverpflegung (ausschließlich in Heimen).

Der Wohnverbund verfügt über ein multiprofessionelles Team und die Wohnungen liegen in unmittelbarer Nähe zu den Beratungs- und Beschäftigungsräumen. Es werden sozialpädagogische, psychologische und systemische Beratungstermine sowie ein Metakognitives Training und Gruppentraining sozialer Kompetenzen angeboten. Für die Mitarbeiterinnen und Mitarbeiter finden neben einer wöchentlichen Teamsitzung, regelmäßige Supervisionen und systemische Fallberatungen statt.

Das multiprofessionelle Team besteht bisher aus einer Sozialarbeiterin/-pädagogin in leitender Funktion, einer Sozialarbeiterin/-pädagogin mit einer Ausbildung in systemischer Therapie, einer Sozialarbeiterin, einer Psychologin, einer Kunst- und Gestaltungstherapeutin, einem Altenpfleger, einer Krankenschwester, einem Krankenpfleger sowie einer Sozialassistentin.

Wir beraten, begleiten und betreuen Menschen, deren Biografie durch Wohnungslosigkeit, psychische Störung und übermäßigen Alkoholkonsum sowie etwaige Begleiterkrankungen geprägt ist. Wir arbeiten in einem doppelten Bezugsbetreuungssystem, das jeweils aus einer Sozialarbeiterin/-pädagogin und einer Fachkraft einer anderen Profession besteht. Die Zuordnung der Zuständigkeit zu den Kolleginnen erfolgt nach dem Schwerpunkt des Hilfebedarfs, den freien Kapazitäten und den fachlichen Kompetenzen der Kolleginnen.

Durch die unmittelbare Nähe der Wohnungen zu den Beratungs- und Beschäftigungsräumen kann dank der niedrigschwelligen Erreichbarkeit der Kontakt zu den Klienten erleichtert werden, was bei größerer räumlicher Distanz deutlich schwieriger wäre. Gelegentlich entsteht der Eindruck eines zumindest teilstationären Angebotes, der sich für die Klientinnen und Mitarbeitenden bemerkbar macht und regelmäßig reflektiert wird. So können die Vorteile der kurzen Wege genutzt werden, ohne dass sich routinierte Kontrollmechanismen einschleichen, die sich kontraproduktiv zu den Verselbständigungswünschen der Klientinnen verhalten würden.

Das Angebot der *psychologischen Beratung* findet in der Regel mit Terminvergabe statt. Mittelpunkt der Beratung ist die Psychoedukation, d. h. die Vermittlung von Wissen über Erkrankungen und den damit zusammenhängenden Risikofaktoren. Auch Krisenintervention und die Erarbeitung von Strategien zur Prävention erneuter Krisen (z. B. Anleitung von Entspannungsverfahren) sowie bei Bedarf die Motivation zu Klinikaufenthalten oder Arztkontakten stehen oftmals im Vordergrund. Bei der Recherche nach ambulanter Psychotherapie zu unterstützen, gehört gleichermaßen zum Aufgabenbereich der Psychologin, wie Expositions- bzw. Konfrontationsverfahren für Bewohner mit Angst- und/oder Zwangsstörungen – bis deren ambulante Psychotherapie begonnen hat. Die Kollegin bietet immer wieder auch Einheiten eines metakognitiven Trainings an. In ihm werden kognitive Verfahren angewandt z. B. zum Aufdecken und Bearbeiten von »Denkfehlern«. Im Einzelsetting spielt der sokratische Dialog bzw. das geleitete Entdecken eine große Rolle; eine Form der Gesprächsführung, die die Bewohnerinnen in die Lage versetzen soll, selbst zu Erkenntnissen zu gelangen. Gemeinsam mit der Kunst- und Gestaltungstherapeutin ist die Umsetzung eines Skills-Trainings geplant.

Die *systemische Beratung,* die ich seit mehr als zwei Jahren anbiete, kann terminiert oder in einer offenen Sprechstunde in Anspruch genommen werden. In der Teamsitzung wird besprochen, welche Klientinnen von der systemischen Beratung profitieren könnten, die ich den Klientinnen später erläutere und gegebenenfalls Termine mit ihnen vereinbare.

Inzwischen wird trägerintern quartalsweise eine systemische Fallberatung angeboten, die durch eine Kollegin mit systemischer Beratungs- und Coachingausbildung geleitet wird, um den systemischen Ansatz interessierten Kolleginnen näherzubringen.

Seit ich für diesen Träger arbeite, beschäftigte ich mich als Sozialpädagogin mit den Wechselwirkungen von Wohnungslosigkeit und psychischen Beeinträchtigungen, dabei geht es primär um einzelne Klienten und bedarfsweise auch um ihre Familien. Seit Beginn meiner Ausbildung zur systemischen Therapeutin vor acht Jahren ist die systemische Perspektive aus den von mir angebotenen Beratungen nicht mehr wegzudenken. Mir geht es darum, nicht nur eine systemische Haltung in Beratungssituationen einfließen zu lassen, sondern auch explizit systemische Beratung anzubieten. Das veranlasste mich, von einer stationären Einrichtung der Wohnungslosenhilfe in eine ambulante Einrichtung der Eingliederungshilfe zu wechseln, in der systemische Beratung erstmalig angeboten wird und ein Alleinstellungsmerkmal zu anderen Wohnverbünden ist.

5 Stärken und Schwächen der beiden Hilfesysteme aus systemischer Sicht

Nach Fuchs (2002, S. 3), Bude (2004, S. 13) und Terfloth (2008, S. 111 f.) bilden gesellschaftliche Funktionssysteme Subsysteme aus, um Exklusionsfolgen zu mindern (Terfloth, 2013). Für den Bereich der Wohnungslosen- und Eingliederungshilfe lässt sich analog sagen, dass etwa die Sozialpädagogik sowie auch systemische und psychologische Beratungsangebote dem Einzelnen dabei helfen, den Ausschluss aus dem Wohnungssystem zu kompensieren – für sich betrachtet eine Stärke der Hilfesysteme.

Bedenkt man jedoch, dass es seit der Hartz-IV-Reform 2005 immer schwieriger wird, Exklusionsfolgen zu mindern, da der Berliner Wohnungsmarkt heiß umkämpft ist und es auch Trägern der Wohnungslosenhilfe schwer fällt, adäquaten Wohnraum anzumieten, kristalliert sich ein sozialpolitisch ungünstiger Faktor bei der Bewältigung von Wohnungslosigkeit heraus. Die gesetzlichen Regelungen haben die Misere meines Erachtens nicht gelindert sondern verstärkt. Den Klienten kann lediglich das Wohnen in Wohnungen des Trägers angeboten werden, was bedeutet, dass der Mietvertrag endet, sobald die persönliche Hilfe nicht mehr in Anspruch genommen wird. Wenn es dem Klienten bis zur Beendigung der Hilfe nicht gelungen ist, eine Schufa-Auskunft ohne Einträge von Mietschulden vorzuweisen, hat er so gut wie keine Chance, auf dem freien Wohnungsmarkt eine eigene Wohnung anzumieten.

Im Laufe meiner Tätigkeit hat sich mein Eindruck verstärkt, dass wohnungslose Menschen vermehrt unter psychischen Störungen und deren Auswirkungen leiden und entsprechend beeinträchtigt sind. Daher ist es mehr als relevant, sich zukünftig explizit mit dieser Thematik auseinanderzusetzen und entsprechende Angebote zu entwickeln; sei es in der Prävention oder im Rahmen der bestehenden Hilfeformen.

Zudem kommen viele wohnungslose Menschen im Bereich der Eingliederungshilfe nicht an. Die Voraussetzungen um mitzuwirken sind für viele von ihnen bereits bei der Antragstellung zu hoch. Auch hier muss ein Paradigmenwechsel der Verwaltungsvorschriften hinsichtlich der Zugangsvoraussetzungen und -wege vollzogen werden.

Eine veränderte Schnittstellenarbeit kann einen positiven Beitrag für einen niedrigschwelligeren Zugang in die Eingliederungshilfe leisten. Für eine verbesserte Schnittstellenarbeit zwischen Wohnungslosen- und Eingliederungshilfe setzen sich seit einigen Jahren verschiedene Berliner Träger ein. Im Juni 2017 fand in Berlin ein bezirks- und trägerübergreifender Schnittstellentag statt sowie eine Fachdiskussion im Berliner Abgeordnetenhaus zum Thema Leitlinien der Wohnungslosenhilfe.

Der Mangel an effektiven Präventionsmaßnahmen unter Beteiligung der Wohnungswirtschaft und der Hilfeträger war ebenso Thema, wie die Kritik, dass etwa 8000 Menschen in ordnungsrechtlichen Gemeinschaftsunterkünften »verwahrt« werden und der Wohnungsmarkt für diese Personengruppe nicht mehr zugänglich ist. Ferner wurde kritisiert, dass der Übergang in qualifiziertere Unterstützungsmaßnahmen mit Hürden und Hindernissen versehen ist. Auch wurde über den Zusammenhang von dauerhafter Armut, Wohnungslosigkeit und psychischen Beeinträchtigungen der Betroffenen gesprochen. Verwahrlosung und Verelendung sind offenkundige Folgen (vgl. gebewo.de, 2017b).

Auch die Direktorin des Diakonischen Werkes Berlin-Brandenburg-schlesische Oberlausitz (DWBO) und Sprecherin der Nationalen Armutskonferenz (NAK), Barbara Eschen, bezeichnet eine »Trennung in Wohnungslosenhilfe einerseits und Hilfen für psychisch erkrankte und an Sucht erkrankte Menschen andererseits als nicht mehr zeitgemäß. Es braucht mehr Kooperation. Das neue Bundesteilhabegesetz könnte dazu führen, dass es für Betroffene noch schwieriger wird. Wir befürchten, dass insbesondere wohnungslose psychisch kranke Menschen gar nicht die Hilfeleistungen erhalten, die ihren Problemlagen entsprechen« (vgl. diakonie-portal.de, 2017).

Wünsche und Anregungen der Teilnehmerinnen des »Schnittstellentages Wohnungslosen- und Eingliederungshilfe« sowie der Fachdiskussion im Berliner Abgeordnetenhaus zur Verbesserung der Versorgung psychisch beeinträchtigter Menschen in Wohnungsnot sind:

- *unbürokratischer Übergang in ambulante und stationäre Hilfen der Eingliederungshilfe* durch den Abbau institutioneller Hürden, Beginn der Hilfe bereits vor Erstellung des Behandlungs- und Rehabilitationsplanes, z. B. ambulante Hilfe (Betreutes Einzelwohnen im Rahmen der Eingliederungshilfe in ASOG-Unterkünften; vgl. gebewo.de, 2017a).
- *temporäre gleichzeitige Betreuung durch ambulante/stationäre Hilfen der Wohnungslosenhilfe (Hilfe in besonderen Lebenslagen) und ambulanter/stationärer Hilfen der Eingliederungshilfe*: Beim Übergang von einer in die andere Hilfeform wäre eine temporäre Bewilligung beider Hilfen wünschenswert (vgl. gebewo.de, 2017a). Oftmals haben wohnungslose und psychisch beeinträchtigte Menschen große Schwierigkeiten, Vertrauen aufzubauen. Entsprechend groß ist die Gefahr, dass bei einem Wechsel der Maßnahme die Hilfe seitens der Klientinnen abgebrochen wird.
- *Beachtung der multifaktoriellen Problemlagen neben der Wohnungslosigkeit.* Oft bedarf die gesundheitliche Problematik vorrangiger Klärung, um überhaupt eine Wohnfähigkeit zu erlangen (vgl. gebewo.de, 2017a).
- *gezielte Integrationsmaßnahmen* und ein Strategiepaket zur Überwindung von Wohnungslosigkeit, das klar formulierte Ziele,

einen zeitlichen Rahmen und verantwortliche Akteure benennt (gebewo.de, 2017b).

Ich wünsche mir zusätzlich die Etablierung folgender Aspekte für eine verbesserte Versorgung wohnungsloser Menschen mit psychischen Beeinträchtigungen:
- effektive Vernetzung aller Kooperationspartner (die Veränderungen durch das Bundesteilhabegesetz – BTHG sind noch nicht einschätzbar),
- verbindlicheres Entlassungsmanagement seitens der Krankenhäuser in Langzeittherapien, um Obdachlosigkeit zu verhindern,
- einrichtungsübergreifende Nutzung von Synergieeffekten,
- psychologische Beratung,
- systemische Beratung,
- körperpsychotherapeutische Angebote: Obwohl es neurowissenschaftlich belegt ist, dass wir Veränderungen besser initiieren können, wenn wir nicht nur kognitiv lernen, sondern durch körperliches Erleben Erfahrungen machen, spielt die Beachtung unserer Körperressourcen bei der Bewältigung von Lebenskrisen eine zu geringe Rolle.

Die systemische Beratung im Kontext der Eingliederungshilfe

Im zweiten Teil beschreibt ein weiteres Fallbeispiel ein mögliches Vorgehen systemischer Arbeitsweisen. Im Anschluss daran folgt ein Einblick in die verschiedenen Wirkungsfelder sozialpädagogische Beratung, Gruppentraining sozialer Kompetenzen und systemische Beratung. Herausforderungen in der systemischen Beratungsarbeit werden benannt, bevor in der Schlussbetrachtung auf noch wünschenswerte Aspekte eingegangen wird.

Zweites Fallbeispiel: Herr Tischler
Biografie
Herr Tischler ist 35 Jahre alt und wuchs in einem schwierigen, von Gewalt- und Alkoholproblemen geprägten Elternhaus auf. Die Beziehung zu seiner Mutter ist seit früher Kindheit schwierig, und der Vater verlässt die Familie als Herr Tischler fünf Jahre alt ist. Die Mutter hat wechselnde Partner, die übermäßig Alkohol konsumieren und die Kinder schlagen. Zu seiner zwei Jahre älteren Schwester, die früh beginnt, Mutterfunktionen zu übernehmen, hat Herr Tischler ein sehr vertrauensvolles und enges Verhältnis, das von sehr viel Humor geprägt ist.

Vor sieben Jahren verliert Herr Tischler seine erste Wohnung wegen Mietschulden. Danach zieht er zu seiner damaligen an einer Borderline-Störung erkrankten Lebensgefährtin. Nach der Trennung von ihr und dem Auszug aus der gemeinsamen Wohnung intensivieren sich seine depressiven Phasen. Er lebt für einige Wochen bei seiner Schwester und deren Familie. Aufgrund vermehrt auftretender Angstzustände, Schlafstörungen und missbräuchlichem Alkoholkonsum unterstützt seine Schwester ihn darin, in einer Pension für wohnungslose Menschen untergebracht zu werden, da der Umgang für ihren Mann und Sohn nur noch schwer auszuhalten ist. Auf diese krisenhafte Lebenssituation reagiert Herr Tischler mit vermehrtem

Alkoholkonsum und selbstverletzendem Verhalten. Nach einem zehntägigen Aufenthalt auf einer Krisenstation eines Krankenhauses wird er in ein Übergangshaus vermittelt.

Weitere sieben Monate später stellt er mit Unterstützung der für ihn zuständigen Sozialpädagogin des Übergangshauses einen Antrag auf Eingliederungshilfe, da das Beratungsangebot seinem Betreuungsbedarf im Rahmen des Übergangshauses nicht gerecht wird. Die zu der Zeit noch bestehenden Episoden von Angstzuständen erfordern Begleitungen zu jedem Arzt- und Behördentermin sowie zur Suchtberatungsstelle. Aufgrund seines vermehrten Alkoholmissbrauchs, verminderter Stresstoleranz und damit immer wieder auftretenden Selbstverletzungen ist die Vermittlung in eine intensivere Betreuungsform notwendig, die Herr Tischler nach einigen Reflexionsgesprächen annehmen kann.

Wunsch des Klienten – eine passgenaue Hilfe
Herr Tischler ist dankbar, dass sich die Sozialpädagogin des Übergangshauses dafür einsetzt, ihn nicht in einer Einrichtung mit chronisch alkoholkranken Menschen unterzubringen. So kam im Rahmen einer zweiten Vorstellung im *Steuerungsgremium* des zuständigen Bezirkes die Vermittlung in unseren Wohnverbund für psychisch beeinträchtigte Menschen mit stoffgebundenem Suchtverhalten zustande. Im Berliner Behandlungs- und Rehabilitationsplan, der zunächst für die Dauer eines Jahres festgeschrieben wird, werden gemeinsam mit dem Klienten diverse Ziele vereinbart sowie Indikatoren und Vorgehensweisen festgelegt. Herr Tischler nimmt schließlich ein diversifiziertes Beratungs- und Hilfeangebot in Anspruch, das ihm die Chance gibt, seine Mitverantwortung an seinem bisherigen und auch künftigen Werdegang zu reflektieren. Er wohnt auf eigenen Wunsch in einer kleinen therapeutischen Wohngemeinschaft. Kurz nach seinem Einzug biete ich Herrn Tisch-

ler systemische Beratungstermine an, die regelmäßig wöchentlich stattfanden.

Exemplarische Beratungsinhalte und Methoden
Auseinandersetzung mit dem Alkoholkonsum
Auf Flipcharts erstellen wir eine Timeline seines Alkoholkonsums. Herr Tischler reflektiert sein Verhalten in den seinerzeit als krisenhaft wahrgenommenen Lebenssituationen. Er kann seine zunächst passive Beschreibung aus einer scheinbar ohnmächtigen Opferrolle heraus in eine aktive umwandeln, die für ihn deutlich macht, dass er damals selbst dazu beigetragen hat, die Situation aufrechtzuerhalten. So beschreibt er, dass während seines Wehrdienstes auch der Wunsch dazuzugehören zu vermehrtem Alkoholkonsum führte. Nach einigen Gesprächsterminen kann er sich eingestehen, dass sich mittlerweile ein Gewöhnungseffekt eingestellt hat. Das explizite Beschreiben der jeweiligen Situation und seiner Gefühle lassen ihn einen Zusammenhang zwischen Art und Menge des Alkohols und der jeweiligen Funktion des Konsums erkennen. Die Frage, *wofür* das Trinken sinnvoll ist, bringt eine vollkommen neue Richtung in seine Überlegungen und sein Erleben. Zu fragen »wofür?« bringt einen Perspektivenwechsel zum bisherigen »Warum?«, das viele Klienten aus Kindertagen kennen und das unmittelbar einen Rechtfertigungsdruck erzeugt und sie letztlich verstummen lässt. Der kurvige Verlauf der Timeline mit unterschiedlichen Amplituden verdeutlicht Herrn Tischler den Zusammenhang zwischen dem damaligen Auf und Ab seiner Gefühle und seinem Alkoholkonsum. In heutigen Situationen erlebt er die Kurvenausschläge als kleiner und schwächer, da er einerseits wegen seiner Stimmungsschwankungen medikamentös eingestellt ist und andererseits wesentlich seltener und nicht mehr so hochprozentigen Alkohol konsumiert.

Kommunikationssysteme als möglicher Interventionsadressat
Nach einer konflikthaften Situation des Klienten mit einem meiner Kollegen biete ich Herrn Tischler an, seine Schwester, mit der bereits zwei gemeinsame systemische Beratungstermine stattgefunden haben, zu einem weiteren Termin einzuladen. Meine Intention ist es, eventuellen Übertragungsmechanismen zwischen ihm und den Mitarbeitenden der Einrichtung auf die Spur zu kommen. Meine Hoffnung ist, dass Herr Tischler solche immer wieder auftretenden Situationen besser einordnen kann, um sie als Chance für eine Musterunterbrechung zu nutzen. Die Teilnahme seiner Schwester ist insofern hilfreich, als dass sie seine Perspektive auf den Umgang mit seinen Familienmitgliedern um die ihre erweitern kann. Da ich beide in stabiler Geschwisterbeziehung bereits erlebt habe, gehe ich davon aus, dass er ihre Einschätzung ernst nehmen wird.

Während dieses Gesprächs bitte ich Herrn Tischler zu überlegen, ob ihm zu jeder einzelnen Kollegin, jedem Kollegen jemand einfällt, an die die- oder derjenige ihn erinnert und ihn so eventuell »triggert«. Der Klient kann zu fast jedem Mitarbeitenden eine Person aus seinem (familialen) Umfeld zuordnen. Der Kollege, der hauswirtschaftliche Aufgaben übernimmt, bekommt die Rolle seiner Mutter zugeschrieben.

»Mutti hat mich oft getriezt und mich zugelabert. Das war nervtötend. Sie wollte immer das letzte Wort haben. Will sie immer noch. Sie beharrt darauf, das Sagen zu haben. Deshalb besuche ich sie auch schon seit Langem nicht mehr zu Hause.«

Zirkuläres Fragen dient der Erkundung kontextueller Zusammenhänge. Seine Schwester erinnert, seine damalige Reaktion sei es gewesen, laut zu werden und/oder sich zurückzuziehen. Die Schwester räumt ein, dass Mutter und Sohn nicht kritikfähig seien und Herr Tischler seine Sturheit von seiner Mutter habe. Wir erarbeiteten bei einem weiteren Termin, dass er sich seiner Mutter gegenüber in dieser Hinsicht loyal verhalte. Ich lasse den Klienten zunächst die Konstellation »Sohn/Mutter« und anschließend »Klient/Mitarbeiter« auf dem Familienbrett stellen. Er ist verblüfft, dass er für seine Mutter und meinen Kollegen sehr ähnliche Figuren wählt und sich und die andere Figur in den jeweiligen Aufstellungen annähernd in gleichem Abstand zueinander aufstellt. Auch seine Gefühle in den jeweiligen Situationen ähneln sich.

Gedankenexperimente
Meine Frage, was mein Kollege tun müsse, um ihn aus der Reserve zu locken und ihn richtig wütend werden zu lassen, oder was passieren müsse, damit er beim nächsten Mal wieder die Kochgruppe verlässt, lässt ihn schmunzeln und schelmisch kreativ diverse Situationen benennen. Nach Simon und Rech-Simon (2009, S. 65) gilt: »Die hypothetische Unterstellung einer Absicht im Gedankenexperiment sorgt für eine Umkehrung der Zuschreibung von Ursache und Wirkung.« Als seine Schwester grinsend bemerkt: »Ich dachte, du gehst nicht zu Mutti, weil du keinen Bock auf so was hast!« waren wir an dem Punkt angelangt, darüber zu reden, welche Funktionen sein Verhalten habe. Ein Blick auf seine Einflussmöglichkeiten ist so möglich geworden. Er kann benennen, dass es ihm darum geht, gesehen, für wichtig gehalten und ernst genommen zu werden. Er realisiert, dass er sich selbst aus der Kochgruppe ausgeschlossen hat. Anschließend überlegt er mit seiner Schwester, wie er sich zukünftig anders verhalten kann.

Reflexion von Verhaltensweisen und Verhaltensänderungen
Während der folgenden Termine kann er mit mir sein Verhalten in den Gruppenangeboten reflektieren, seinen Anteil an der Kommunikation der jeweiligen Situation erkennen und zaghaft die Verantwortung dafür übernehmen – mit einem Augenzwinkern sich

selbst gegenüber. Bisher häufig auftretende Rechtfertigungen seines Verhaltens sind seltener notwendig. Zur Symbolisierung seines Rechtfertigungsverhaltens haben wir die Idee, eine »Ja, aber-Kasse« einzuführen. Durch dieses Ritual, das dazu beiträgt, die Situationen zu reflektieren, werden die einzuzahlenden Cent-Beträge im Laufe der Wochen immer geringer. Bei der letzten Rückgabe seines Geldes sagt er schmunzelnd: »Jetzt kann ich mir ja noch nicht mal 'nen Kaffee davon kaufen.«

Herr Tischler ist sich dessen bewusst, dass er noch einen längeren Weg vor sich hat, seine alten Kommunikations- und Verhaltensmuster aufzubrechen und durch neue zu ersetzen. Doch sein neu erworbener Selbstzuspruch, »Das klappt ja immerhin schon besser als vorher …«, lässt Optimismus erkennen. Seit Kurzem nimmt er eine vom Jobcenter vermittelte Tätigkeit im Rahmen des Zuverdienstes wahr, die von ihm als Bereicherung erlebt wird.

Arbeitstätigkeit als Teil der Integration
Durch diese Arbeitstätigkeit strukturiert er nicht nur seinen Tag außerhalb des Wohnverbundes, sondern erfährt auch Anerkennung und kann soziale Kontakte aufbauen. Zudem kann er täglich seine Frustrationstoleranz testen und erweitern, was wiederum positive Auswirkungen auf ein Leben mit kontrolliertem Alkoholkonsum haben kann, bestenfalls auch auf das Ausmaß an Selbstverletzungen, einen wohlwollenden Blick auf sich selbst und seine allgemeine Veränderungsmotivation.

Erwachsen und verbunden sein – die Geschwister verändern sich
In einer weiteren systemischen Beratungssequenz thematisieren wir, welche Funktion Kontrolle in seinen Beziehungsansätzen übernimmt. Durch zirkuläres Fragen wird deutlich, dass es das Rückzugsverhalten des Klienten begünstigt, wenn seine Schwester die Rolle des

»Kontrolletti« einnimmt (Zitat beider Geschwister). Spannend ist die Exploration, wie er sie immer wieder dazu einlädt, ihn zu kontrollieren. Am Ende des Gesprächs konnten beide in ihrer geschwisterlich-verbundenen Art darüber scherzen, »wie dicke sie sich sind und doch noch wie Pech und Schwefel aneinanderhängen« (Zitat). Ihre gemeinsame Geschichte im Elternhaus hat sie sehr geprägt. Sie würdigten diese Geschichte und stellten während zwei weiterer Termine fest, dass die Schwester den Klienten immer mehr loslassen müsse und auch wolle. In den darauffolgenden Gesprächen mit Herrn Tischler wird daran gearbeitet, sich abzugrenzen, um selbständig zu werden und nachreifen zu können. Im letzten Termin verständigen sich Herr Tischler und seine Schwester auf die Hausaufgabe, zeitnah einen »Geschwistertag« zu verbringen, gemeinsam etwas zu unternehmen, woran beide Freude haben, sich als Erwachsene zu erleben und humorvoll miteinander verbunden zu sein.

Reflexion der Beratung
Ein halbes Jahr nach seinem Einzug in die therapeutische Wohngemeinschaft bin ich zusätzlich als Bezugsbetreuerin für Herrn Tischler zuständig. So hat sich der Schwerpunkt unserer Arbeit auf den sozialpädagogischen Bereich verlagert. Die organisatorischen Inhalte, unter anderem Vorbereitungen von Terminen oder Begleitung zu Ämtern und Beratungsstellen, Geldauszahlung, Unterstützung bei Telefonaten, sind von einer systemischen Grundhaltung geprägt, deren hauptsächlicher Wirkfaktor eine vertrauensvolle Beziehung ist (vgl. auch Schwing u. Fryszer, 2016, S. 21 ff.).

Der Klient fordert (scheinbar unbewusst) immer wieder Unterstützung durch fachliche Tipps ein, aber auch emotionale Zuwendung, indem er sich vor für ihn schwierigen Außenterminen Zuspruch einholt und danach erzählt, wie es ihm ergangen ist. Eine vertrauensvolle Beziehung ist auch wichtig, um seine Schwester in unregelmäßigen Abständen zu gemeinsamen Gesprächen einzuladen. Diese Termine zu dritt bringen immer wieder neue Erkenntnisse und Bewegung in die Geschwisterbeziehung.

6 Vorgehen in der systemischen Beratungsarbeit

In mein Arbeitsfeld fließt systemisches Denken in drei unterschiedliche Settings ein: in die sozialpädagogische Beratung, das Gruppentraining sozialer Kompetenzen und die systemischen Beratung. Einige der Bewohnerinnen nehmen sowohl sozialpädagogische als auch systemische Beratungstermine in Anspruch, wieder andere haben eine Doppelung in der systemischen Beratung und dem Gruppentraining sozialer Kompetenzen. Manche nehmen an einem, wieder andere an allen drei Angeboten teil. Die Trennung der drei Bereiche ergibt sich aus den unterschiedlichen Zielen und Aufträgen, der Fokussierung und dem zeitlichen Rahmen.

6.1 Systemische Aspekte in der sozialpädagogischen Beratung

Ich motiviere und begleite viele meiner Klienten zu Behördenterminen, die sie als lähmend erleben, die sie jedoch einhalten müssen, um Sanktionen zu vermeiden. Ihre Lebenssituation dort beschreiben zu müssen, beschämt sie, macht sie unsicher und vermittelt ihnen den Eindruck, nackt zu sein: »Ich muss mein Innerstes nach außen kehren, obwohl ich für die doch eh nur 'ne Nummer bin« (Zitat). Dieses Gefühl wird dadurch verstärkt, dass beispielsweise die Zuständigkeit der Sachbearbeiter in den Leistungsabteilungen der Jobcenter teilweise in einem drei- bis neunmonatigen Rhythmus rotiert. Nicht nur die Behördensprache, sondern auch der mittlerweile eingeführte Standard einer Cash-Card, primäres Zahlungsmittel in vielen Bürgerämtern, wird als ausgrenzend empfunden, weil viele unserer Klienten weder ein Konto noch eine Bankkarte besitzen. Entsprechend ist das Gefühl, am Rand der Gesellschaft zu stehen, auf vielen Ebenen spürbar: Ausgrenzung macht wütend – auch auf behördliche Systeme. Wichtig ist es jedoch für die Helferinnen, sich nicht in eine Problemtrance verwickeln zu lassen, sich ebenfalls wütend oder hilflos zu fühlen. Eine Außenperspektive auf bestimmte Systeme zu bewahren ist ebenso wichtig, wie das Wissen um deren Strukturen, um sich in ihnen bewegen zu können. Für Sozialpädagogen gilt hier das gleiche wie für systemische Therapeuten. Hans Lieb bringt es wie folgt auf den Punkt: »Insofern gehört es zum Kompetenzprofil störungsspezifischer Systemtherapeuten im Gesundheitswesen, dass sie die dort geltenden Spielregeln kennen und mitspielen, sich und andere gleichzeitig bei diesem Spiel beobachten und sich so auf einer Metaebene dem Spiel entziehen« (Lieb, 2014, S. 222).

In den sozialpädagogischen Beratungsterminen geht es oftmals um vordergründig organisatorische Angelegenheiten. Ich gehe beispielhaft auf den Aspekt der Geldeinteilung ein, da er die Gratwanderung verdeutlicht, einerseits eine Musterunterbrechung zu unterstützen und andererseits eine bisherige Verhaltensweise aufrechtzuerhalten. Wir haben mit Klientinnen, die Schwierigkeiten im Umgang mit einer adäquaten Verwendung ihres Einkommens haben, eine Geldeinteilung vereinbart. Die Beweggründe sind meist stoff- oder nicht stoffgebundene Süchte oder weil unsere Klienten bisher noch nicht gelernt haben, mit Geld umzugehen. Die Geldeinteilung findet wöchentlich oder mehrmals wöchentlich statt. Oftmals wirkt dies wie eine rein verwaltungsorganisatorische Dienstleistung, doch in Momenten des Suchtdrucks wird deutlich, wie wichtig dieses temporäre Instrument der selbstgewählten Fremdkontrolle ist. Wenn die Klientinnen beispielsweise an einem zusätzlichen Tag Geld abholen möchten oder aber einen höheren Betrag, kann dies im

Gespräch reflektiert werden. Ich verdeutliche in solchen Momenten meine vom Klienten gewollt ausgelagerte Kontrollfunktion. Wir versuchen dann gemeinsam zu erarbeiten, was nötig wäre, um die eigene Kontrolle wiederzuerlangen, wann dies zum letzten Mal gelungen ist oder woran explizit festgestellt werden kann, dass es nun klappt. Dieser Aspekt der Hilfestellung ist für uns Helferinnen immer wieder ein Balanceakt, da wir keine rechtlichen Betreuer gemäß Bürgerlichem Gesetzbuch (BGB) sind, denen die Vermögenssorge obliegt. Die Geldeinteilung ist als Vehikel gedacht, die Klientinnen auf dem Weg zu einer selbständigen Geldverwaltung zu unterstützen und bestimmte Verhaltensmuster zu unterbrechen. Um nicht zur Aufrechterhaltung des Systems der Klientinnen beizutragen und uns vor eventuellem co-abhängigen Verhalten zu schützen, beenden wir die Geldeinteilung bis zum Monatsende, wenn die Klientinnen sich nicht an die selbstgewählte Vereinbarung halten können bzw. wollen. Diese Intervention basiert auf Situationen, in denen Klientinnen vermehrt Kolleginnen angesprochen haben, die nicht für die Geldeinteilung zuständig sind, und diese emotional unter Druck gesetzt haben. In diesen Situationen wurde deutlich, dass die süchtige Komponente stärker sein kann als das konstruierte Hilfsmittel der Geldeinteilung und die daran gekoppelte Situationsreflexion. Menschen mit süchtigen Verhaltensweisen sind sehr kreativ, um Wege zu finden, ihre Sucht zu befriedigen. Diese Erkenntnis, die zu Frustrationen bei den Betreuenden führen kann, wird stets in Teamsitzungen oder Supervisionen reflektiert, was wiederum die notwendige Reflexion mit den Klientinnen erleichtert. Die eigenen Grenzen und die der Einflussmöglichkeit im jeweiligen Berater-Klienten-System zu beachten, ist für die eigene Selbstfürsorge dringend notwendig, um handlungsfähig zu bleiben.

In der Beratung ist darüber hinaus eine kultursensitive Perspektive immens wichtig. Es macht einen Unterschied, ob wir Menschen mit türkischen, russischen, deutschen oder asiatischen Wurzeln beraten und begleiten. Z. B. sind Körpersprache, Umgang mit Nähe und Distanz und Erwartungshaltungen kulturell sehr verschieden, das muss in der Beratung berücksichtigt werden. Ähnlich verhält es sich mit eigenen Definitionen und Interpretationen von psychischen Erkrankungen (Schweitzer u. von Schlippe, 2016, S. 74). Literaturhinweise zu diesem Thema finden Sie in Kapitel 9.

Auch für den Umgang mit ethischen Dilemmata bei verstrickten Netzwerken und Aufträgen müssen die Beratenden sensibilisiert sein, um sich nicht selbst zu verstricken.

6.2 Systemische Aspekte im Gruppentraining sozialer Kompetenzen

Ich biete ein Gruppentraining sozialer Kompetenzen (GSK) an, das verhaltenstherapeutisch und systemisch fundiert ist: Eine Situation kann mit einer wohlwollenden oder destruktiven Selbstverbalisation einhergehen, die wiederum ein angenehmes oder unangenehmes Gefühl hervorrufen kann, das in direkter Rückkopplung mit der jeweiligen Selbstverbalisation steht und ein dementsprechend hilfreiches oder ungünstiges Verhalten auszulösen vermag, was wiederum die nächste Situation beeinflusst usw. (vgl. Hinsch u. Pfingsten, 2015, S. 150 f.). Das Training legt einen Schwerpunkt auf eine Lösungsfokussierung. Es geht primär darum, Situationen in den Trainingsbereichen »Recht durchsetzen«, »Beziehungen gestalten« und »um Sympathie werben« zu reflektieren und in Rollenspielen zu trainieren (vgl. Hinsch u. Pfingsten, 2015, S. 105–108).

Das Training ist auch für Menschen mit psychischen Störungen, Suchtverhalten und auffälligem Verhalten gedacht und hat primär das Ziel, die Teilnehmenden darin zu unterstützen, individuell empfundene Stressoren zu verringern. Grundlegend ist die Annahme, dass selbstsicheres, sozial kompetentes Verhalten ebenso wie Radfahren erlernt werden kann, entsprechend steht das Üben selbstsicheren Verhaltens im Mittelpunkt. Wesentliches Element der Trainings sind Rollenspiele mit Videofeedback. Als Hausaufgabe soll das Erlernte im Alltag umgesetzt werden. Die Teilnehmenden lernen und üben Selbstbeobachtung, positive Selbstbewertung und Selbstverstärkung. Entsprechend positive Verhaltensweisen, die über einen bestimmten Zeitraum umgesetzt werden, gehen allmählich in das allgemeine Verhaltensrepertoire über, was einer Umstrukturierung der Gesamtpersönlichkeit zugutekommen kann (vgl. Hinsch u. Pfingsten, 2015, S. 145 f.)

Für mich als Trainerin geht es während des Rollenspiels nicht primär darum, ein bestimmtes Ziel oder eine bestimmte Verhaltensweise zu erarbeiten, sondern darum, die Verhaltensweise aus der Situation heraus spielend zu erlernen. Bei unserer Klientel geht es vorrangig darum, überhaupt den Mut aufzubringen, Rollenspiele anzunehmen und im Nachhinein per Videofeedback zu reflektieren. In der Einführungsveranstaltung, bei der Trainingsablauf und Ziele erläutert werden, erzähle ich von Gerald Hüthers und André Sterns Vorträgen und Büchern, die mich inspirierten (Hüther, 2006; Hüther u. Aarts, 2011; Hüther u. Krens, 2011; Hüther u. Hauser, 2012; Stern, 2016). Die von Hüther begeistert weitergegebenen neurowissenschaftlichen Erkenntnisse und die seit dem Kleinkindalter von Stern gemachten Erfahrungen beflügelten meine systemische Haltung der Entdeckerfreude und des Nichtwissens. Spielerische Neugier ist nicht Voraussetzung für Lernen im Sinne einer kausalen Bedingung, sondern Spielen und Lernen ist ein und dasselbe. Daher versuche ich während des Trainings die Leichtigkeit des Rollen*spiels* in den Vordergrund zu rücken – vor allem, wenn Leistungsdruck verspürt und die vermuteten Erwartungshaltungen erfüllt werden wollen. Die Erkenntnisse im Rahmen des systemisch-lösungsfokussierten Feedbacks bei der Analyse der Rollenspielvideos sind immer wieder beeindruckend. Die Klientinnen bemerken oftmals sehr aufmerksam und wohlwollend, wie schnell sie in eine Routine von zum Teil harscher Selbstkritik geraten, halten dann inne und versuchen, sich selbst mit anderen Augen zu sehen, indem sie ausschließlich auf die die Situation begünstigenden Verhaltensweisen ihrerseits achten und die weniger günstigen nicht benennen. Wenn dies doch mal der Fall sein sollte, ist es das Ziel, diese wertschätzend, mit einer anderen Perspektive umzuformulieren. Die Teilnehmenden haben zum Ende des Trainings einen leichteren Zugang dazu, sich selbst gegenüber wertschätzend zu sein. Eine Eigenschaft, die sie in ihrer Kindheit meist nicht gelernt haben.

6.3 Systemische Beratung im Wohnverbund

Ich biete den Klientinnen systemische Beratungstermine an, um ihnen zu ermöglichen – in Abhebung zu gesprächspsychotherapeutischen oder verhaltenstherapeutischen Sitzungen, die sie gegebenenfalls bisher in Anspruch genommen haben –, primär auch ihre Kommunikation zu reflektieren bzw. bei körperbezogenen Interventionen ihren Körper einzubeziehen. Ich halte es für wichtig, einen neuen Adressaten anzubieten, um »mehr desselben« zu vermeiden (vgl. Lieb, 2014, S. 222 f.). Die Beratungen stehen im Zeichen des Empowerment und finden in unterschiedlichem Turnus statt.

Die systemische Beratungssituation gibt es per se nicht, hingegen eine systemische Haltung. Wie im ersten Fallbeispiel deutlich wurde, ist es mir wichtig, dass die Klientinnen von Anfang an wissen, dass in meinen Beratungsgesprächen keine Patentrezepte zu erwarten sind. Ich erachte die Klientinnen als gleichwertig und ebenbürtig und begleite sie auf ihrem Weg, eigene Verhaltensweisen und Kommunikationsstrukturen zu reflektieren und gehe mit ihnen auf die Suche nach dem Sinn und der Funktion ihrer Symptome.

Folgende Leitsätze, die auf konstruktivistischen und systemtheoretischen Überlegungen basieren, bilden die Grundlage für meine systemische Beratung:
1. Störungen in (Familien-)Systemen sind in erster Linie als Kommunikationsstörungen identifizierbar.
2. Die einzelnen Personen sind unter Umständen nicht ausreichend in der Lage, ihre Bedürfnisse zu erkennen und ihre Ziele zu formulieren.
3. Eine Verhaltensauffälligkeit (z. B. Alkoholmissbrauch), eine psychosomatische/psychische Beeinträchtigung oder eine Suchterkrankung stellt somit ein Symptom des gestörten Systems dar.
4. Dieses Symptom ist im ganzen System (z. B. Familie, Partnerschaft) entstanden.
5. Dieses Symptom erfüllt(e) im (Familien-)System eine Funktion und wird als Lösungsversuch betrachtet, das heißt, jedes Problemverhalten macht im jeweiligen Kontext einen Sinn.
6. Folglich muss diese Funktion/dieser Sinn verstanden werden, um das Symptom verändern zu können, und um eine alternative Handlungsmöglichkeit zu erproben (vgl. Ludwig, 2017, S. 22 f.).

Meine innere Haltung während der Beratung basiert auf verschiedenen systemtheoretischen Überlegungen und Perspektiven. Dabei sind mir Wertschätzung, Achtung der Autonomie des Klienten und Respekt gegenüber seiner Lebensleistungen wichtige Leitsätze meiner Arbeit. Diese stellen die Basis für eine Ressourcen- und Lösungsorientierung. Darüber hinaus können echte Aufmerksamkeit und Zuneigung Wegbegleiter zu einer vertrauensvollen Beraterin-Klientin-Beziehung sein.

Schweitzer und von Schlippe verweisen auf die Logik der ICD-10 (10. Fassung der »International Classification of Diseases«) der Weltgesundheitsorganisation (WHO): »Die Logik der ICD-10 impliziert eine Beziehungs- beziehungsweise Beschreibungskomponente: Jemand ›stört‹ und jemand fühlt sich ›gestört‹« (Schweitzer u. von Schlippe, 2016, S. 24). Bei Bedarf reflektiere ich mit den Klientinnen den Aspekt des Sich-gestört-Fühlens mit Bezug auf die jeweilige Symptomatik. Es werden auch Situationen beleuchtet, in denen Klienten andere Bewohnerinnen durch ihr Verhalten stören. Da der Störungsaspekt meist mit mannigfaltigen Gefühlen verbunden ist, lässt sich sehr gut mit dieser Beschreibung arbeiten.

Es geht mir darum, gemeinsam mit den Klientinnen verschiedene Verhaltensweisen zu reflektieren, um die Verantwortung in den Blick zu nehmen und zu entscheiden, auf welche Aspekte der Vergangenheit und der Gegenwart sie sich wie beziehen, um diese umdeuten und ihr Verhalten verändern zu können.

Ich unterstütze die Bewohner bei der Suche nach einem Lebensumfeld, das hilfreich für sie ist, das sie annehmen können und in dem es möglich ist, sich mit anderen Bewohnern oder Freunden zu treffen und Freizeitaktivitäten auszuüben, die Lebensfreude und Wohlbefinden (wieder) wecken. Hüther beschreibt »Wohlbefinden« als einen Zustand der Kohärenz, der die entscheidende Voraussetzung für die Entfaltung unserer Potenziale darstellt (vgl. Hüther u. Fischer, 2010, S. 23).

Folgt man Kurt Ludewig, können Menschen, die Probleme erzeugen und reproduzieren, damit aufhören bzw. diese durch angenehmere, häufig bereits vorhandene Alternativen ersetzen. Systemische Praxis lenkt die Aufmerksamkeit von den Problemen auf Alternativen bzw. Ressourcen. Systemische Diagnostik sucht nach Bewältigungsstrategien, die bisher halfen, entsprechende Widrigkeiten, Mängel, Hindernisse usw. zu überstehen, also zu überleben. Gefragt ist nach der Leitdifferenz: »hilfreich/nicht hilfreich« bzw. »förderlich/nicht förderlich« – in Abhebung zu »gesund/krank« (vgl. Ludewig, 2009, Folie 47).

Von meiner inneren Haltung her entscheide ich mich im Kontakt zu den Bewohnerinnen für eine »Überlebensdiagnostik«. In den Beratungsgesprächen, Begleitungen und Hausbesuchen gehe ich mit meinen Klientinnen auf die Suche eher salutogener als pathogener Faktoren in den Beschreibungen ihrer jeweiligen Lebensgeschichten (vgl. Ludewig, 2002, S. 83 ff. nach Schweitzer u. von Schlippe, 2016, S. 27).

Zu den bewährten **Aspekten systemischen Arbeitens** mit wohnungslosen und psychisch beeinträchtigten Menschen gehört es, die systemische Haltung transparent zu machen, d. h.:
– die Klientin als Expertin in eigener Sache und die Beraterin als Unwissende mit Außenperspektive zu verstehen (Gleichwertigkeit, Ebenbürtigkeit). Die Beraterin bleibt bewusst unvoreingenommen, indem sie sich absichtlich gar nicht oder spät mit den Inhalten des Behandlungs- und Rehabilitationsplans der jeweiligen Klientin auseinandersetzt.
– die Klientin bestimmt die Aufträge und gibt das Tempo vor.
– die Klientin dabei zu unterstützen, das Unveränderbare zu akzeptieren und sich mit der Realität auseinanderzusetzen.
– die Klientin bei der Suche nach der Funktion ihrer Symptome (Symptom als Lösungsversuch) zu begleiten.
– mit der Überlebensdiagnostik als Leitdifferenz hilfreich/nicht hilfreich vs. gesund/krank zu arbeiten, um Bewältigungsstrategien (wieder) zu entdecken.
– der Klientin mit Wertschätzung zu begegnen, ihre Autonomie zu achten und ihr Respekt für ihre Lebensleistungen zu zeigen (Ressourcen- und Lösungsorientierung).

Weitere wichtige Kompetenzen der Beraterin sind:
– Selbstfürsorge, d. h. die eigenen Grenzen und die der Einflussmöglichkeit im Helferin-Klientin-System zu beachten, um handlungsfähig zu bleiben.

- Kenntnis von behördlichen Strukturen und Bewahren der nötigen Außenperspektive, um eine Problemtrance zu vermeiden.
- im Klientenkontakt eine kultursensitive Perspektive einzunehmen,
- eigene Regeln einzuhalten (z. B. bei der Geldverwaltung),
- mit ethischen Dilemmata bei verstrickten Netzwerken und Aufträgen sensitiv umzugehen, um handlungsfähig zu bleiben,
- echte Aufmerksamkeit und Zuneigung für die Klientin zu empfinden, um eine vertrauensvolle und tragfähige Beraterin-Klientin-Beziehung aufzubauen, die ein wesentlicher Wirkfaktor für das Gelingen von Beratung ist.

Folgende **Praxistipps** zeigen bewährte systemische und körperpsychotherapeutische Methoden der Arbeit mit wohnungslosen und psychisch beeinträchtigten Menschen:
- Externalisierung, um den Klienten zu unterstützen, seine Gefühle zu differenzieren.
- innere Familienkonferenz, die hilft, den Konflikt der verschiedenen intrapsychischen Persönlichkeitsanteile zu verdeutlichen, was sich positiv auf die Veränderungen somatischer Symptome auswirken kann.
- Fragen nach Ausnahmen des Problems und Fragen nach dem Leben vor der Erkrankung. Die Exploration früherer Wünsche löst die Problemfixierung und rückt den Fokus auf gegenwartsbezogene Möglichkeiten und Handlungskompetenzen.
- Exploration und Umgang mit negativen Zuschreibungen und Loyalitäten, Exploration gesunder Anker und andersartiger Verbundenheit.
- positive Verstärkung bezüglich der Themen Selbstfürsorge durch Abgrenzung, Fokus auf bereits Gelungenes und einen wohlwollenden Blick auf sich selbst, Mut zum Verlassen der Klienten-Rolle (Empowerment).
- Tetralemmaarbeit, Wunderfrage, Verschlimmerungsfragen, Externalisieren von Gefühlen – all dies lässt sich auch gut verwenden, wenn Entscheidungen anstehen.

- zunächst gedankliches, wenn möglich temporär reales Verlassen der Klientenrolle, bei dem bereits vorhandene Ressourcen genutzt werden (z. B. bei der Arbeitserprobung), der Klient wird unterstützt, Abstand von kontinuierlicher Beratung/Hilfe zu bekommen, indem er sich durch das Wahrnehmen gesunder Anteile als selbstwirksam erlebt.
- Reflexion der Beziehungskomponente im Begriff »psychische Störung« und die Exploration von Gefühlen und Verhaltensweisen im Beziehungskontext (»Wie und in welchen Situationen fühlt sich der Klient durch wen oder was gestört?«; »Wie und in welchen Situationen stört er wen durch sein Verhalten?«).
- schriftliche »Timeline«, in der sich mit den Funktionen von Symptomen – Opferrolle vs. Übernahme von Verantwortung für eigene Verhaltensweisen – auseinandergesetzt werden kann sowie Gefühle, Bedürfnisse und alternative Verhaltensweisen formuliert werden (Empowerment).
- Exploration der Funktion von Symptomen: Es wird nach dem »Wofür?« statt nach dem »Warum?« gefragt, was den Rechtfertigungsdruck der Klientin mindert oder sie gänzlich von ihm befreit.
- systemische Beratungstermine mit Angehörigen, bei denen mit zirkulären Fragen kontextuelle Zusammenhänge erkundet und Perspektiven erweitert werden sowie dazu eingeladen wird, das eigene Verhaltensmuster und das der anderen zu reflektieren. Solche Termine nutzen, etablieren und intensivieren bestehende soziale Beziehungen und können gegebenenfalls zum Klären von Konflikten beitragen.
- Gedankenexperimente, bei denen z. B. dem Klienten hypothetisch eine Absicht unterstellt, die Zuschreibung von Ursache und Wirkung umgekehrt, die Funktion von Verhalten exploriert und der Blick auf Einflussmöglichkeiten gelenkt wird.
- symbolhafte Rituale (z. B. »Rechtfertigungskasse«), die dem Klienten helfen, eigene Kommunikationssysteme und Verhaltensmuster zu reflektieren.

- Unterstützung beim Gestalten eines Lebensumfeldes, das Lebensfreude und Wohlbefinden ermöglicht und die Potenzialentfaltung der Klientin fördert.
- Exploration von Gefühlen und Bedürfnissen, indem die Beraterin z. B. Körperhaltung, Mimik, leises Seufzen der Klientin spiegelt.
- Nutzen des Körpers als Medium: Durch eigene Bewegungen verändert sich das Körpergefühl, was sich auf die emotionale Stimmung überträgt. Durch Berührtsein (in doppeltem Sinn) lassen sich Veränderungsprozesse initiieren.
- Anheben des Energieniveaus: Atmung und Stimme können beispielsweise dabei helfen, die erlebte Problemwirklichkeit zu verstören.
- Ausüben von leichtem Druck auf einzelne Körperpartien, um Gefühle zu verstärken (paradoxe Intervention), die sich im Verlauf der Intervention entladen können (durch Dagegenhalten, spontanes Schütteln, Ausstreichen etc.). Anschließend wird exploriert, welche Funktion der Druck im System übernimmt und der Klient kann zusätzlich Worte für das neue Gefühl (z. B. Leichtigkeit) finden.
- Lösungsfokussierung beim Gruppentraining sozialer Kompetenzen (GSK) z. B. durch Selbstbeobachtung, positive Selbstbewertung und Selbstverstärkung, die spielerische Neugier und Haltung wird bei Rollenspielen geübt, so dass die Klientinnen durch Erfahrungen lernen können.

7 Herausforderungen in der systemischen Beratungsarbeit

Eine Herausforderung kann es sein, dass die Themen zwischen den einzelnen Terminen wechseln und die Beraterin dabei dennoch den roten Faden halten muss. Ein Beispiel: Das im ersten Fallbeispiel beschriebene Thema »Loyalität« war zu umfangreich, um es in einem einzigen Termin ausreichend zu behandeln. Die Vereinbarung, das nächste Mal an diesem Punkt weiterzuarbeiten, wurde zwar getroffen, doch dann nicht umgesetzt. Ein anderes Thema war dann dringender. Da der Klient den Auftrag bestimmt, ging ich mit und behielt das vorherige und mögliche, damit zusammenhängende Themen im Blick. Andere Therapieschulen würden ein solches Klientenverhalten unter Umständen als Abwehrmechanismus kategorisieren, Systemikerinnen nennen das Bedürfnisinformation. Diese wahrzunehmen und zu reflektieren ist entscheidend. Die Seele hat ihre Gezeiten.

Zweifel kommen in der Beratungsarbeit immer wieder auf. Wenn Klienten mit ihrer Lebenssituation hadern im Sinne von »Jetzt wohne ich schon seit einem Jahr hier in der therapeutischen Wohngemeinschaft, hab' immer noch keine eigene Wohnung, keine Arbeit und keine Partnerschaft ...«, dann kann es eine gute Möglichkeit sein, die Vorteile des betreuten Wohnens herauszuarbeiten. Der Blick auf bereits durchgestandene Krisen mit dem Fokus darauf, mit welchen Ressourcen diese bewältigt wurden, stimmt Klienten meist wieder zuversichtlicher, weitere kleine Veränderungsschritte gehen zu können.

Die Suche nach möglichen Lösungsszenarien gestaltet sich häufig schwerfällig, da die Klientinnen bisher selten nach ihren Ressourcen gefragt wurden und auch selten danach gesucht haben. Die genaue Beschreibung dessen, was nicht funktioniert oder nicht gekonnt wird, fällt vielen Klientinnen leicht. Gleichwohl bestärkt mich das immer wieder beschwingtere Auftreten der Klientinnen nach einer Phase des Suchens darin, diese innere Haltung zu Veränderungen zu bewahren und auch mein berufliches Umfeld damit zu inspirieren.

Eine weitere Herausforderung ist es, in der Beratung mit der Diagnosen-Sprache umzugehen. Es bedarf in der Kommunikation mit Kolleginnen des eigenen Teams, Netzwerkpartnerinnen in

Betreuungsbüros, Krankenhäusern, Ämtern, Pflegediensten sowie den Klientinnen und deren Angehörigen der Kenntnis und der Anwendung von Störungswissen. Dies bedeutet einerseits die Sprache der Diagnosen zu verwenden und andererseits nicht in Kategorien von defizitären Verhaltensweisen der Klientinnen zu denken und dementsprechend zu handeln. Oder mit Ludewig ausgedrückt: »Man spricht dann die Sprache des anderen, vergisst aber hoffentlich die eigene nicht!« (Ludewig, 2009, Folie 53).

7.1 Das Spannungsfeld der psychiatrischen Beratungsarbeit

Schwing und Fryszer (2009) haben die dialektische Perspektive des Werte- und Entwicklungsquadrates von Schulz von Thun (1989) um sechs grundlegende systemische Kriterien bei der Auswahl von Interventionen erweitert. Diese sind: Respekt vor der Selbstorganisation des Systems, Selbststeuerungsfähigkeit, Ressourcenorientierung, Kontextualisierung, Lösungsorientierung sowie Einladung zur Veränderung (vgl. Ullherr, 2012, S. 18). Andreas Ullherr erklärt (2012, S. 18): »Viele Klienten leiden unter tiefgreifenden inneren Konflikten, quälenden Ambivalenzen und ausgeprägten Ängsten. Dabei kommunizieren die Betroffenen selten digital, sondern teilen sich vielmehr über Handlungssprache mit. Ein Betreuungsteam ist deshalb ständig damit konfrontiert, aus dieser Handlungssprache professionelle Aufträge abzuleiten. Die jeweiligen Diagnosen, welche Standardisierungen und Vergleichbarkeit von Krankheitsbildern beinhalten, bieten in der systemisch orientierten Prozessbegleitung hilfreiche Ansatzpunkte. Sie sagen jedoch zunächst nichts über die jeweilig individuellen Interaktionsprozesse zwischen den Helfern und ihren Klienten aus, die wiederum in spezielle institutionelle Kontexte eingebunden sind. Diese dialektischen Prozesse lassen sich unter Zuhilfenahme der Grundstruktur des Werte- und Entwicklungsquadrates (Schulz von Thun, 1989) verdeutlichen und geben erste Hinweise darauf, wie Zielrichtungen von Interventionen in der Prozessbegleitung von Menschen mit psychischen Störungen sicherer bestimmt werden können« (Ullherr, 2012, S. 18). Dem in Abbildung 5 (S. 86) veranschaulichten Modell von Ullherr liegt die Annahme zugrunde, dass jeder Persönlichkeitswert nur dann eine konstruktive Wirkung entfalten kann, wenn er sich in einer ausgewogenen Balance zu einem positiven Gegenwert befindet. Ullherr weiter (2012, S. 18 f.): »Wird dieses Spannungsfeld nicht ausbalanciert, dann ›kippt‹ ein Wert in eine Übertreibung (Schulz von Thun, 1989, S. 18 ff.). Mit diesem gedanklichen Werkzeug lässt sich das Spannungsfeld veranschaulichen, indem sich psychiatrische Beratungsarbeit bewegt: Die Gestaltung der sozialen Beziehungen innerhalb der Klientengruppen und zwischen den Klienten und dem Beratungsteam wird als positiver Wert in den Mittelpunkt einer fortschrittlichen Betreuung psychisch beeinträchtigter Menschen in die Position (1) gesetzt. Als positive Schwestertugend lässt sich in Position (2) die Anleitung und Reglementierung im Sinne einer Stärkung der Selbstverantwortung der Klienten festhalten. Die entwertende Übertreibung im Hinblick auf die Beziehung bildet hier die Verschmelzung, die in einer Überbehütung psychisch beeinträchtigter Menschen münden kann, welche sich in Position (3) wiederfindet. Schließlich lässt sich ein autoritärer Umgang, der bis hin zur Machtausübung eskalieren kann, als konträrer Gegensatz zu einer ressourcenorientierten Beratungs- und Beziehungsarbeit am Ende der Diagonalen (4) festhalten. Die jeweiligen Kipppunkte zeigen hier die einzuschlagenden Interventionsrichtungen an. […] Die Vorstellung eines optimalen Fixpunktes wird aufgegeben und durch die Sichtweise einer dynamischen Balance zwischen einer beziehungsgesteuerten Beratungsarbeit und der Einforderung von Selbstverantwortung der Menschen mit psychischen Störungen ersetzt« (Ullherr, 2012; S. 18 f.; vgl. Schulz von Thun, 1989).

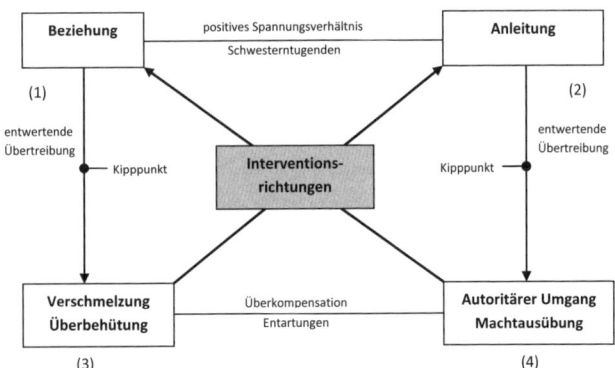

Abbildung 5: Bestimmung der Zielrichtungen von Interventionen (Ullherr, 2012, S. 19)

Das von Ullherr beschriebene Spannungsfeld ist in multiprofessionellen Teams meines Erachtens noch spürbarer als in homogenen, da die jeweiligen Kolleginnen je andere Arbeitsschwerpunkte haben und demnach mitunter unterschiedliche Feinziele im Gesamtprozess begleiten. Zudem besteht teilweise ein unterschiedliches Verständnis davon, was Klientinnen selbst oder mit Unterstützung in welchem Zeitraum können sollten. Hinzu kommen unterschiedliche Haltungen, die Fachkräften zu eigen sind und die wir uns im Laufe unserer Berufsjahre angeeignet haben. So trifft beispielsweise eine Haltung wie: »Der Klient hat diese Verhaltensweise in seinem Leben bisher anscheinend nicht lernen können. Er hat jedoch mit uns die Gelegenheit, dies zu tun. Lasst uns doch geduldiger mit ihm sein ...« auf eine Haltung wie: »Ich hab' das jetzt bereits fünfmal mit ihm besprochen und langsam bin ich mit meinem Latein am Ende.« Oftmals hilft die Berücksichtigung der verschiedenen Blickwinkel und auch der Ansprüche der Kolleginnen, eine Lösung zu finden. Dies kann gelingen, indem beispielsweise eruiert wird, welche Verhaltensweisen welche Reaktionen bei den jeweiligen Kolleginnen auslösen, welche Wünsche dahinter stehen und ob ein unterschiedliches Reagieren auf den Klienten in diesem Fall sinnvoll oder aber eher kontraproduktiv erscheint. Manchmal scheint es zielführend zu sein, wenn wir Kolleginnen mit einer Stimme sprechen und manchmal ist dies sogar eher irritierend, da die individuelle Position der Fachkräfte so für die Klientinnen weniger spürbar ist. Herausfordernd sind manche Diskussionen während der Teamsitzungen, wenn wir als Kolleginnen jeweils unterschiedliche Positionen wahrnehmen, wie in Abbildung 5 dargestellt. Dies bedeutet ein Reflektieren und Aushandeln, von wem welche Handlungsschritte wann und wie aussehen könnten und was wir vermeiden oder gar unterlassen sollten.

7.2 Umgang mit Exklusion und ausgrenzendem Verhalten

Viele Klientinnen des Wohnverbundes haben zum Zeitpunkt ihrer Aufnahme nahezu keine sozialen Kontakte mehr. Der Kontakt zu Mitgliedern der Herkunftsfamilie besteht gar nicht mehr oder ist oft nur sporadisch. Persönlicher Austausch mit und in der Herkunftsfamilie ist selten, da die Beziehungen oft durch Verstrickungen und vorwurfsvolle oder vermeidende Kommunikationsmuster gekennzeichnet sind. Auch stabile und förderliche Freundschaften gibt es insgesamt sehr selten. Vor diesem Hintergrund wird der sozialen Exklusion durch die Angebote des Wohnverbundes entgegengewirkt. Die Mitarbeitenden sind bis zu dem Zeitpunkt, an dem die Klientinnen gegenseitig Kontakt zueinander aufnehmen und auch Freundschaften schließen, oftmals die einzigen Bezugspersonen, mit denen Vereinbarungen getroffen, Verbindlichkeiten ausgehandelt und ein Nichteinhalten reflektiert wird.

Einige der Bewohnerinnen gehen einer regelmäßigen Tätigkeit nach, die vornehmlich im Rahmen des Zuverdienstes oder der Arbeitserprobungen angesiedelt sind und durch das Jobcenter angeregt wurden. Mitunter kommt es zu sozialen Abwertungen zwischen den Bewohnerinnen, »Der geht ja nur zu einer Arbeitserprobung, das ist ja keine echte Arbeit«, so dass Auswirkungen exkludierender Aussagen reflektiert werden müssen.

Viele unserer Klientinnen und Klienten erleben ihre Lebenssituation als sehr beschränkend, diskriminierend oder gar ausgrenzend. Durch den Bezug von Hartz-IV-Leistungen ist es oftmals nicht möglich, beispielsweise ins Kino oder mit Freunden einen Kaffee trinken zu gehen, was sozialen Rückzug, Scham und Resignation nach sich zieht. Wie in Abbildung 3 (S. 40) verdeutlicht, haben Isolation und Vereinsamung Auswirkungen auf die Arbeitsfähigkeit und die psychische Gesundheit: »Das Gefühl, kein vollwertiges Mitglied der Gesellschaft zu sein, belastet die Gesundheit und das Wohlergehen der betroffenen Personen. Integration und Ausgrenzung werden individuell erfahren und spiegeln nicht ohne Weiteres die nach objektiven Kriterien gute oder schlechte Lebenslage wider. Die eigene Sicht auf individuelle Chancen an gesellschaftlicher Teilhabe sagt etwas darüber aus, wie Handlungsmöglichkeiten eingeschätzt werden und wie mit zur Verfügung stehenden Ressourcen umgegangen wird. Daraus kann auch auf Schutzmechanismen geschlossen werden« (vgl. Böhnke, 2015, S. 19 f.). Dieses Phänomen habe ich im ersten Fallbeispiel beschrieben. Herr Lohmeyer nutzte sein vorhandenes Netzwerk und fasste sich ein Herz für eine Arbeitserprobung. Wir versuchen mit unseren Angeboten, zu einem Gefühl von Verbundenheit als Basis für Wohlbefinden und Gesundheit beizutragen.

7.3 Überblick über mögliche Herausforderungen

Folgende Aspekte können in der systemischen Beratungsarbeit mit wohnungslosen und psychisch beeinträchtigen Menschen herausfordernd sein:

- Das Beratungstempo an das Tempo der Klientinnen anzupassen (»Die Seele hat ihre Gezeiten«).
- Mit Zweifeln der Klientinnen umzugehen, ob das Betreute Wohnen die geeignete Hilfe ist, wenn Erfolge nicht schnell genug für sie sichtbar sind. Dann kann es hilfreich sein, bisherige kleine Veränderungen und Fortschritte zu explorieren. Sich solcherart an den Ressourcen zu orientieren, stärkt die Handlungsfähigkeit der Klientinnen.
- Überlebensdiagnostik: Die innere Haltung beizubehalten, mit Klientinnen zusammen nach verändertem Verhalten statt Reinszenierung zu suchen, auch wenn es Klientinnen schwer fällt, eigene Ressourcen aufzuspüren.
- Mit diagnostizierender Sprache umzugehen: Medizinische Diagnosen kennen und anzuwenden und gleichzeitig das Kategorien vermeidende Denken beizubehalten.
- Die (möglicherweise unterschiedlichen) Zielrichtungen von Interventionen im Team zu beachten, d. h. das positive Spannungsverhältnisses von Beraterin-Klientin-Beziehung und Anleitung auszubalancieren, bestenfalls den autoritären Umgang und/oder Überbehütung zu vermeiden (s. Abbildung 5, S. 86).
- Mit unterschiedlichen Haltungen und Herangehensweisen innerhalb des Kolleginnenteams umzugehen, d. h. die implizit zugeschriebenen Rollen zu reflektieren.
- Mit Exklusion und ausgrenzendem Verhalten umzugehen, d. h. die Rolle als Bezugsperson und die soziale Ausgrenzungen zwischen den Bewohnerinnen zu reflektieren und mit Gruppenangeboten das Gefühl von Verbundenheit zu fördern.

8 Schlussbetrachtung und Ausblick

8.1 Möglichkeiten für einen notwendigen Paradigmenwechsel

Der multidimensionale Hilfebedarf wohnungsloser Menschen mit psychischen Beeinträchtigungen macht die enge Vernetzung sozialer, juristischer und psychiatrisch-therapeutischer Angebote[4] und Interventionen unabdingbar. Eine Trennung in Wohnungslosenhilfe und Hilfen für psychisch beeinträchtigte und an Sucht erkrankter Menschen ist meines Erachtens monetär und sozialpolitisch und nicht inhaltlich begründet. Eine Begegnung auf Augenhöhe und der wertschätzende Umgang zu den Hilfesuchenden sind unerlässlich, um Handlungsmöglichkeiten zu erarbeiten und Exklusion entgegenzuwirken. Dies gilt auch für die Arbeitsbeziehungen der in diesem Zusammenhang professionell Tätigen. Das bio-psycho-soziale Modell verdeutlicht den dynamischen Prozess einer gesundheitlichen Störung im Sinne einer Beeinträchtigung der Funktionsfähigkeit und/oder der Teilhabe. Der Komplexität der Wechselwirkungen kann durch eine Vielfalt von Interventionsansätzen begegnet werden. Uns ist es in unserem multiprofessionellen Team gelungen, den verschiedenen Professionen der Sozialen Arbeit, Sozialpädagogik, Psychologie, systemischen Beratung, Kunsttherapie, Pflege und Hauswirtschaft Rechnung zu tragen. Dabei ist eine stete Auseinandersetzung der implizit zugeschriebenen Rollen notwendig.

Menschen, die in der Wohnungslosen- und Eingliederungshilfe betreut werden, leben in der Regel am Existenzminimum.

Da die systemische Beratung und Therapie ebenso wie die systemische Körperpsychotherapie bisher nicht von den Krankenkassen

---

4 Unter psychiatrisch-therapeutische Angebote fasse ich bewusst auch systemische, körpertherapeutische, kunsttherapeutische und gestalterische Angebote.

finanziert werden, sollten diese Ansätze vermehrt angeboten werden, um die Ausgrenzung von diesen Hilfeangeboten zu vermeiden.

8.2 Ziele systemischen Arbeitens

Hinsichtlich der exklusionsbedingten Erfahrungen der Klientinnen wird deutlich, wie wichtig eine systemische Haltung an sich ist. Der respektvolle und wertschätzende Umgang im Rahmen der Beratung und mit Blick auf die Beziehung zu den Hilfesuchenden sowie eine immer wieder ressourcenorientierte Perspektive sind entscheidende Säulen im Miteinander. Es ist unabdingbar, als Beraterin gut zuzuhören – wissend, dass der Mensch, der einem gegenüber sitzt, Experte für sein Leben ist und es keine Patentrezepte gibt. Er trägt selbst die Verantwortung dafür, welcher Weg für ihn stimmig ist, ohne die krankheitsbedingten Einschränkungen zu negieren. Hierbei wird die systemische Grundhaltung eines Sowohl-als-auch umgesetzt. Die systemische Beratung stellt eine gute Möglichkeit dar, das Selbstgefühl der Klientinnen zu stärken; das heißt, Verantwortung für sich selbst zu übernehmen. Viele unserer Klientinnen haben Schwierigkeiten, sich selbst zu fühlen und sich gewiss zu sein, dass sie die richtige Person zum richtigen Zeitpunkt am richtigen Ort sind. Es geht um die Förderung von Kompetenzen. Zum Beispiel sich selbst verzeihen zu können, mit sich selbst gut zu sein – auch, wenn nicht alles im Leben gut gelaufen ist. Die systemische Beratung bietet einen Ort des Nachreifens. Viele unserer Klientinnen sind Scheidungskinder, haben einen Elternteil nie kennengelernt oder sind in Heimen aufgewachsen. Es geht auch darum, ihrer Wut, ihrem Leid und Schmerz einen Raum zu geben, damit Veränderungen möglich werden können. Für viele Klienten klingt Selbstfürsorge wie ein Fremdwort. Wie sollten sie es auch gelernt haben, für sich selbst zu sorgen, wenn sie als Kinder nicht umsorgt wurden? Das Vergangene anzunehmen, zu integrieren statt abzuspalten und dann loszulassen, um nach vorn gehen zu können ist eines der vielen Ziele. Es ist ein Teil systemischer Beratung, Vertrauen und Zuversicht entgegenzubringen, damit die Klientinnen optimistischer werden, alte Verhaltensmuster oder Süchte loslassen und hilfreiche Bewältigungsstrategien erarbeiten zu können. Die systemische Beratung leistet einen Beitrag zur Herstellung geeigneter oder günstiger Rahmenbedingungen durch eine nützliche, passende und respektvolle Interaktion.

8.3 Anregung zum Wechsel der Präferenzen

Mit den Klientinnen gemeinsam die multikausalen Zusammenhänge ihrer Problematiken zu erkunden, ist oft ein richtiges Abenteuer. Was ich an der systemischen Herangehensweise im Laufe der Jahre sehr zu schätzen gelernt habe, ist mit einem nicht-wissenden Blick Menschen kennenzulernen und sie in ihrer Autonomie begleiten zu dürfen. Ich genieße die aktive, würdigende Suche nach Ressourcen. Denn die Klienten tragen die Breite ihres Möglichkeitsspektrums bereits in sich. Wir haben es schließlich mit Experten ihrer selbst zu tun, die neben ihren Beschwerden und Lebensproblemen auch über vielfältige Ressourcen verfügen, die den leidvollen Prozessen entgegenstehen. Ich begleite wohnungslose und psychisch beeinträchtigte Menschen darin, ihr Leben in die eigenen Hände zu nehmen. Dabei treten Fragen auf wie: »Wer will ich sein?« und »Wohin will ich in meinem Leben?« Es geht für meine Klienten darum, sich als Subjekt zu definieren und (wieder) handlungsfähig zu werden. Der Sinn einer regelmäßigen Auftragsklärung und die Wichtigkeit, sich dem Tempo der Klientinnen anzupassen bestätigen sich immer wieder. Es geht oftmals darum, aufmerksam zu sein, achtsam mit ihren Bedürfnissen umzugehen und so Beziehungsfähigkeit zu fördern – durch kreative Impulse zu Verhaltensänderungen einzuladen, um destruktive Verhaltensmuster zu unterbrechen.

8.4 Ein Ausblick auf Sozialpolitisches

Die sozialpolitischen Rahmenbedingungen haben einen Einfluss auf das Arbeitsfeld, das ich vorgestellt habe, können hier aber nur kurz angerissen werden:

Einige unserer Klienten werden nicht in der Lage sein, jemals eine Tätigkeit auf dem ersten Arbeitsmarkt auszuüben. So lange unsere Gesellschaft jedoch an einer Politik festhält, die uns primär durch unsere Arbeitskraft definiert und nur durch sie Anerkennung zollt, werden Menschen, die nicht gesund genug sind, um einer regulären Arbeit nachzugehen, womöglich in diesem Sinne nie gesunden. Den Zusammenhang von dem Gefühl der Zugehörigkeit, des Verbundenseins, der Anerkennung und des Wohlbefindens mit psychischer Gesundheit habe ich erläutert. Das Gefühl, nicht dazu zu gehören, lässt Menschen krank und arbeitsunfähig werden. Nicht nur die finanzielle, sondern auch die soziale Wertschätzung von Tätigkeiten außerhalb des ersten Arbeitsmarktes ist dringend notwendig, um Menschen einen Weg aus dieser Sackgasse zu ermöglichen. Zudem stellt die Versorgung psychisch beeinträchtigter Menschen die verschiedenen Hilfesysteme vor besondere Herausforderungen, da fließende Übergänge und verbundene Hilfeerbringung gestaltet werden müssen. Das erfordert Kommunikation, Kenntnisse über die Verschiedenartigkeit der Hilfesysteme und flexible Hilfen. Darüber hinaus fordern und fördern besondere Herausforderungen Kreativität und Mut. Helferinnen im Bereich der Wohnungslosen- und Eingliederungshilfe dürfen nicht müde werden, an Erfolgen festzuhalten und weiterhin Pilotprojekte zu initiieren, sei es psychologische Beratung oder ambulante Leistungen der Eingliederungshilfe für Menschen in ASOG-Wohnheimen. Auch systemische Beratung, körperpsychotherapeutische Methoden und integrierte psychologische Leistungen sind in der Eingliederungshilfe noch selten anzutreffen. Wir müssen kreativ bleiben. Wir dürfen nicht müde werden, spezielle Versorgungsangebote zu entwickeln, um Exklusion entgegenzuwirken.

Meine Vision ist es, unsere Bewohnerinnen perspektivisch mit körperpsychotherapeutischen Angeboten zu unterstützen, sich zunächst mit sich und ihren Gefühlen zu verbinden. Dies ist die Voraussetzung, um mit anderen Menschen in Kontakt gehen zu können. Es ist notwendig, verschüttete Gefühle wahrzunehmen, um Grenzen zu spüren und Grenzen setzen zu können. Oftmals erzeugten Angst, Trauer und Wut durch Vernachlässigung oder Missbrauch im weitesten Sinne körperliche und psychische Symptome. Depressives, ängstliches und zwanghaftes Verhalten sowie chronische Schmerzen und süchtiges Verhalten kommen leider sehr häufig vor. Viele Klientinnen wünschen sich, anders als bisher fühlen oder agieren zu können: zu weinen, zu schreien, spielerisch zu toben usw. All das kann helfen, im therapeutischen Rahmen, der den individuellen Kontext berücksichtigt, ihre Gefühle nicht durch Alkoholkonsum, Computerspielsucht oder andere schädliche Verhaltensweisen zu ersticken. Ich möchte einen Raum schaffen, damit wohnungslose und psychisch beeinträchtigte Menschen endlich fühlen dürfen und gesehen werden: Erleben ist Verlebendigung. Es geht darum, unseren Körper zu nutzen, um die verletzte Kinderseele heilen zu lassen und sie dann in das Erwachsenen-Ich zu integrieren. Mit sich selbst und anderen Menschen verbunden zu sein ist eine gute Voraussetzung für Gesundheit und gelingendes Miteinander. Auch wir professionellen Helferinnen sollten im Blick behalten, dass wir durch eigenen Mut zur Veränderung, Perspektivenwechsel, echte Mitbeteiligung und gegenseitige Wertschätzung gelingendes Miteinander vorleben und somit unsere soziale Umwelt zu selbstwirksamem Handeln inspirieren.

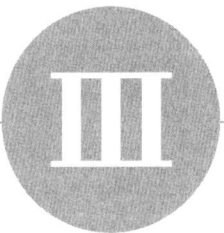

Am Ende

9 Buchempfehlungen, Hinweise und Kontakte

Informationen im Bereich Sozialpolitik:
Diakonisches Werk Berlin–Brandenburg–schlesische Oberlausitz (DWBO) und der Paritätische Wohlfahrtsverband Berlin als Dachverbände für die Wohnungslosen- und Eingliederungshilfe:
www.diakonie-portal.de
www.paritaet-berlin.de

Die Landesarmutskonferenz informiert über aktuelle Armutsentwicklungen und bietet Vernetzungsstrukturen zur Bekämpfung von Armut in Berlin an:
www.landesarmutskonferenz-berlin.de

Personal- und Organisationsentwicklung in der Eingliederungs- und Wohnungslosenhilfe in Trägerschaft des Diakonischen Werkes-Berlin-Brandenburg-schlesische Oberlausitz:
www.potentiale-vernetzen-inklusion.de

Informationen im Bereich kultursensible Beratungsarbeit:
Diakonisches Werk Berlin-Brandenburg-schlesische Oberlausitz (2011). Handreichung für die Praxis. Interkulturelle Öffnungsprozesse gestalten und unterstützen. Zu finden unter http://www.diakonie-portal.de/system/files/handreichung_fuer_die_praxis_interkulturelle_oeffnungsprozesse_gestalten_und_unterstuetzen_2011.pdf

Friese, P. (2012). Folien der Powerpoint-Präsentation eines Workshops im Rahmen der 12. wissenschaftlichen Tagung der DGSF in Freiburg/Br. am 5. Oktober 2012. Kultursensible Beratung mit Eltern, Kindern und Familien am Beispiel der Erziehungs- und Familienberatungsstelle des IFZ in Frankfurt am Main. Zu finden unter http://www.dgsf-tagung.de/dgsf-tagung-2012/app/download/5792215509/Kultursensible+Beratung+DGSF-Tagung+10-12.pdf

Geuder, H.C. (2015). Nähe und Distanz in der professionellen Beziehung zu Klienten in der Wohnungslosenhilfe. Hausarbeit des Studienschwerpunktbegleitseminars. München: GRIN.

Schramm, B. (2014). Interkulturelle Öffnung in der Praxis. Die Kreuzung zwischen Wohnungslosenhilfe und Migrationsarbeit. In R. Keicher, S. Gillich (Hrsg.), Wenn Würde zur Ware verkommt. Soziale Ungleichheit, Teilhabe und Verwirklichung eines Rechts auf Wohnraum (S. 139–151). Wiesbaden: Springer.

Materialien zur Psychiatrie-Jahrestagung 2017:
Bayer, W. (2017). Was ist das Soziale/Politische an der Psychiatrie heute? Oder »Wer nicht weiß, woher er kommt, kann auch keinen Kurs setzen«. Vortrag am 4. Mai 2017 auf der Psychiatrie-Jahrestagung 2017 in Hamburg. Zugriff am 19.01.2018 unter https://beb-ev.de/wp-content/uploads/2017/05/Vortrag_04.05.2017_Wolfgang-Bayer_Was-ist-das-Soziale_Politische-an-der-Psychiatrie-heute.pdf

Systemisches Wissen:
Beilfuß, C. (2015). Ein Himmel voller Fragen. Systemische Interviews, die glücklich machen. Heidelberg: Carl-Auer.
Wienands, A. (2005). Choreographien der Seele. Lösungsorientierte systemische Psycho-Somatik. München: Kösel.
www.systemische-sozialarbeit.de

Inspiration zu den Themen Vertrauen, Bindung, Autonomie und Potenzialentfaltung:
Wagenhofer, E., Kriechbaum, S., Stern, A. (2013). Alphabet. Angst oder Liebe. Salzburg: Ecowin.

Die Website des Neurobiologen und Fachbuchautors Gerald Hüther gibt viele Anregungen zu den genannten Themen:
www.gerald-huether.de

Geschichten zum Aufwachen:
Bucay, J. (2015). Komm, ich erzähl dir eine Geschichte (16. Aufl.). Frankfurt a. M.: Fischer.

10 Literatur

BAGW.de (2017). Bundesarbeitsgemeinschaft Wohnungslosenhilfe e. V. Definition eines Wohnungsnotfalls. Zugriff am 13.08.2017 unter http://www.bagw.de/de/themen/zahl_der_wohnungslosen/wohnungsnotfall_def.html

BAGW.de (2018). Bundesarbeitsgemeinschaft Wohnungslosenhilfe. Anzahl der Menschen in Wohnungsnot. Zugriff am 15.01.2018 unter http://www.bagw.de/de/themen/zahl_der_wohnungslosen/index.html

bar-frankfurt.de (2017a). Bundesarbeitsgemeinschaft für Rehabilitation. Ziele der Rehabilitation und Teilhabe. Zugriff am 29.07.2017 unter http://www.bar-frankfurt.de/rehabilitation-und-teilhabe/bthg/bundesteilhabegesetz-kompakt/

bar-frankfurt.de (2017b). Bundesarbeitsgemeinschaft für Rehabilitation. Eingliederungshilfe. Zugriff am 29.07.2017 unter http://www.bar-frankfurt.de/rehabilitation-und-teilhabe/bthg/bundesteilhabegesetz-kompakt/teil-2-eingliederungshilfe/

bar-frankfurt.de (2017c). Bundesarbeitsgemeinschaft für Rehabilitation. Psychische Störung. Zugriff am 18.08.2017 unter http://www.bar-frankfurt.de/fileadmin/dateiliste/publikationen/arbeitshilfen/downloads/Arbeitshilfe_Psych.pdf

berlin.de, Senatsverwaltung für Integration, Arbeit und Soziales – Abteilung Soziales (2014). Leistungsbeschreibung für Verbünde von therapeutisch betreutem Wohnen für seelisch Behinderte. Zugriff am 15.07.2017 unter https://www.berlin.de/sen/soziales/_assets/vertraege/…/mdb-brv_anlage1_lb_vt.pdf

berlin.de, Senatsverwaltung für Integration, Arbeit und Soziales – Abteilung Soziales (2018a). Menschen mit Behinderung, Eingliederungshilfe, Handbuch für das Fallmanagement. Zugriff am 15.01.2018 unter https://www.berlin.de/sen/soziales/themen/menschen-mit-behinderung/eingliederungshilfe/handbuch-fuer-das-fallmanagement/artikel.152873.php

berlin.de, Senatsverwaltung für Integration, Arbeit und Soziales – Abteilung Soziales (2018b). Übersicht der Leistungstypen und Kurzbezeichnungen. Einrichtungen für Menschen mit seelischer Behinderung gem. §§ 53, 54 SGB XII. Zugriff am 02.01.2018 unter http://www.berlin.de/sen/soziales/themen/vertraege/aktuelles/artikel.228295.php

Beste, J., Bethmann, A., Gundert, S. (2014). Materielle und soziale Lage ALG-II-Empfänger. IAB Kurzbericht 24/2014. Nürnberg.

Boetticher, A. von (2018). Das neue Teilhaberecht. Baden-Baden: Nomos.

Böhnke, P. (2015). Wahrnehmung sozialer Ausgrenzung. Aus Politik und Zeitgeschichte – APuZ, 65 (10/2015), 18–25. Zugriff am 19.01.2018 unter http://www.bpb.de/apuz/201647/wahrnehmung-sozialer-ausgrenzung?p=all

Bude, H. (2004). Das Phänomen der Exklusion. Der Widerstreit zwischen gesellschaftlicher Erfahrung und soziologischer Rekonstruktion. Mittelweg 36, 13 (4), 3–15.

Bürli, A. (1997). Internationale Tendenzen in der Sonderpädagogik – Vergleichende Betrachtung mit Schwerpunkt auf den europäischen Raum. Hagen: Fernuniversität, Kurseinheit 4098–1-01–51.

Cibis, W., Grotkamp, S. für die Deutsche Gesellschaft für Rehabilitationswissenschaft (2011). Personbezogene Faktoren der ICF – Ein Entwurf für den deutschen Sprachraum von der Arbeitsgruppe ICF des Fachbereichs II der Deutschen Gesellschaft für Sozialmedizin und Prävention (DGSMP). 9. ICF-Anwenderkonferenz in Bochum am 16. März 2011. Zugriff am 15.01.2018 unter http://www.dgrw-online.de/files/9.icf-awk_2_beitrag_cibis.pdf

Deutsches Institut für Medizinische Dokumentation und Information (DIMDI), World Health Organization, Genf (Hrsg.) (2005). ICF: Internationale Klassifikation der Funktionsfähigkeit, Behinderung und Gesundheit. Neu-Isenburg: MMI.

Diakonie Berlin-Brandenburg-schlesische Oberlausitz, diakonie-portal.de (2017). Diakonie fordert bessere Hilfen für Wohnungslose mit psychischen Erkrankungen. Pressemitteilung vom 19.06.2017. Zugriff am 16.01.2018 unter https://www.diakonie-portal.de/meldung/diakonie-fordert-bessere-hilfen-fuer-wohnungslose-mit-psychischen-erkrankungen

DIMDI.de (2017). Deutsches Institut für Medizinische Dokumentation und Information. Diagramm des bio-psycho-sozialen Modells. Zugriff am 13.07.2017 unter http://www.dimdi.de/static/de/klassi/icf/index.htm

Essen, C. (1998). Aufstellung bei Angstsymptomatik und Panikattacken. In G. Weber (Hrsg.), Praxis des Familienstellens. Beiträge zu systemischen Lösungen nach Bert Hellinger (S. 305–312). Heidelberg: Carl Auer.

Fuchs, P. (2002). Behinderung und soziale Systeme. Anmerkungen zu einem schier unlösbaren Problem. Das gepfefferte Ferkel. Online-Journal für systemisches Denken und Handeln, Mai 2002. Zugriff am 22.01.2018 unter http://www.fen.ch/texte/gast_fuchs_behinderung.htm

GEBEWO – Soziale Dienste – Berlin, gebewo.de (2017a). Dokumentation des Schnittstellentags am 14.06.2017. Welche Ideen und Wünsche zur Verbesserung der Versorgung psychisch erkrankter Menschen in Wohnungsnot wurden formuliert? Zugriff am 16.01.2018 unter http://www.gebewo.de/images/aktuell/2017/schnittstellentag/Dokumentation_der_Anregungen_Schnittstellentag_14.06.2017.pdf

GEBEWO – Soziale Dienste – Berlin, gebewo.de (2017b). Fachdiskussion über die Weiterentwicklung der Leitlinien der Wohnungslosenhilfe. Zugriff am 16.01.2018 unter http://www.gebewo.de/374-fachdiskussion-ueber-die-weiterentwicklung-der-leitlinien-der-wohnungslosenhilfe
gesetze.berlin.de (2016). PsychKG. Zugriff am 26.09.2017 unter http://gesetze.berlin.de/jportal/;jsessionid=0D7C9D8E16459F3A5A0DC077131AAC7F.jp16?quelle=jlink&query=PsychKG+BE&psml=bsbeprod.psml&max=true&aiz=true#jlr-PsychKGBE2016pP16
gesetze.berlin.de (2017). ASOG. Zugriff am 01.02.2018 unter http://gesetze.berlin.de/jportal/?quelle=jlink&query=ASOG+BE&psml=bsbeprod.psml&max=true
Grampp, G., Jackstell, S., Wöbke, N. (2013). Teilhabe, Teilhabemanagement und die ICF. Bonn: Balance Buch + Medien Verlag.
Grotkamp, S., Cibis, W., Bahemann, A., Baldus, A., Behrens, J., Nyffeler, I. D., Echterhoff, W., Fialka-Moser, V., Fries, W., Fuchs, H., Gmünder, H. P., Gutenbrunner, C., Keller, K., Nüchtern, E., Pöthig, D., Queri, S., Rentsch, H. P., Rink, M., Schian, H.-M., Schian, M., Schmitt, K., Schwarze, M., Ulrich, P., Mittelstaedt, G. von, Seger, W. (2014). Stellungnahme. Bedeutung der personbezogenen Faktoren der ICF für die Nutzung in der praktischen Sozialmedizin und Rehabilitation. Das Gesundheitswesen, 76 (3), 172–180. Zugriff am 15.01.2018 unter http://www.dgsmp.de/files/stellungnahmen/ICF_Gesundheitswesen_2014.pdf
Hinsch, R., Pfingsten, U. (2015). Gruppentraining sozialer Kompetenzen GSK. Grundlagen, Durchführung, Anwendungsbeispiele (6., vollständig überarb. Aufl.). Weinheim u. Basel: Beltz.
Hinz, A. (2004). Vom sonderpädagogischen Verständnis der Integration zum integrationspädagogischen Verständnis der Inklusion!? In I. Schnell, A. Sander (Hrsg.), Inklusive Pädagogik (S. 41–74). Bad Heilbrunn: Klinkhardt.
Hüther, G. (2006). Bedienungsanleitung für ein menschliches Gehirn. Göttingen: Vandenhoeck & Ruprecht.
Hüther, G. (2013). Neurobiologie des Glücks. Kongress-Vortrag des Tiroler Instituts für Logotherapie in Wels, 2012. DVD. Auditorium Netzwerk.
Hüther, G. (2017). Gesundheitskongress des Westens. Vortrag Gerald Hüther: Brücken bauen. Über die Kunst einander näher zu kommen. Zugriff am 02.01.2018 unter https://www.youtube.com/watch?v=5VYf2IXSXD8
Hüther, G., Aarts, M. (2011). Beziehung wirkt Wunder – Was Kinder und Jugendliche zum Aufwachsen brauchen: Auditorium Netzwerk (DVD).
Hüther, G., Fischer, J. E. (2010). Biologische Grundlagen des psychischen Wohlbefindens. In B. Badura, H. Schröder, J. Klose, K. Macco (Hrsg.),

Fehlzeiten-Report 2009. Arbeit und Psyche: Belastungen reduzieren – Wohlbefinden fördern (S. 23–30). Berlin u. Heidelberg: Springer.

Hüther, G., Hauser, U. (2012). Jedes Kind ist hochbegabt – Die angeborenen Talente unserer Kinder und was wir aus ihnen machen (11. Aufl.). München: Knaus.

Hüther, G., Krens, I. (2011). Das Geheimnis der ersten neun Monate – Unsere frühesten Prägungen (4. Aufl.). Weinheim u. Basel: Beltz.

Kuhnert, T. (2017). Leben in Hartz IV – Armut und Menschenwürde. Göttingen: Vandenhoeck & Ruprecht.

Lieb, H. (2014). Störungsspezifische Systemtherapie. Konzepte und Behandlung. Heidelberg: Carl Auer.

Ludewig, K. (2002). Leitmotive systemischer Therapie. Stuttgart: Klett-Cotta.

Ludewig, K. (2009). Zum Störungsbegriff in der systemischen Therapie – sowie ein kurzes Update vorweg. Vortrag für Weinheimer Kontake Düsseldorf am 21.11.2009. Powerpoint-Präsentation. Zugriff am 15.01.2018 unter http://www.kurtludewig.de/allg-Texte.htm#Dr.

Ludwig, M. (2017). Die Bedeutung systemischer Aspekte in der Arbeit mit wohnungslosen Menschen. Kontext, 48 (1), 17–29.

Rotthaus, W. (2018). Was heißt systemisch? Grundsätzliches zum systemischen Arbeiten. Website Deutsche Gesellschaft für Systemische Therapie, Beratung und Familientherapie e.V. Zugriff am 22.01.2018 unter https://www.dgsf.org/service/was-heisst-systemisch

Sander, A. (2002). Von der integrativen zur inklusiven Bildung – Internationaler Stand und Konsequenzen für die sonderpädagogische Förderung in Deutschland. In A. Hausotter, W. Boppel, H. Meschenmoser (Hrsg.), Perspektiven Sonderpädagogischer Förderung in Deutschland. Dokumentation der Nationalen Fachtagung vom 14.–16. November 2001 in Schwerin (S. 143–164). Middelfart (DK): European Agency.

Schindler, H. (2005). Systemische Einzeltherapie – eine immer einmalige Konstruktion von Wirklichkeiten. In H. Schindler, A. von Schlippe (Hrsg.), Anwendungsfelder systemischer Praxis. Ein Handbuch (S. 91–115). Dortmund: Borgmann Media.

Schlippe, A. von, Schweitzer, J. (2016). Lehrbuch der systemischen Therapie und Beratung I. Das Grundlagenwissen (3., unveränderte Aufl.). Göttingen: Vandenhoeck & Ruprecht.

Schmidt, G. (2001). Systemisch-hypnotherapeutische Konzepte für die Kooperation mit depressiv definierten Menschen und ihren Beziehungssystemen. Psychotherapie im Dialog, 2 (4), 418–430.

Schulz von Thun, F. (1989). Miteinander reden 2. Stile, Werte und Persönlichkeitsentwicklung. Reinbek: Rowohlt.

Schweitzer, J., Schlippe, A. von (2016). Lehrbuch der systemischen Therapie und Beratung II. Das strörungsspezifische Wissen (6., unveränderte Aufl.). Göttingen: Vandenhoeck & Ruprecht.

Schwing, R., Fryszer, A. (2009). Systemisches Handwerk: Werkzeug für die Praxis (3. Aufl.). Göttingen: Vandenhoeck & Ruprecht.

Schwing, R., Fryszer, A. (2016). Systemische Beratung und Familientherapie. Kurz, bündig, alltagstauglich (3. Aufl.). Göttingen: Vandenhoeck & Ruprecht.

Simon, F. B., Rech-Simon, C. (2009). Zirkuläres Fragen. Systemische Therapie in Fallbeispielen: Ein Lernbuch (8. Aufl.). Heidelberg: Carl Auer.

sozialgesetzbuch-sgb (2017). Definition von Behinderung. Zugriff am 18.08.2017 unter http://www.sozialgesetzbuch-sgb.de/sgbix/2.html

Stern, A. (2016). Spielen, um zu fühlen, zu lernen und zu leben: München: Sandmann.

Terfloth, K. (2008). Inklusion und Exklusion – Konstruktion sozialer Adressen im Kontext (geistiger) Behinderung. Dissertation, Universität Köln. Zugriff am 22.01.2018 unter http://kups.ub.uni-koeln.de/2225/

Terfloth, K. (2013). Exklusion. Zugriff am 16.01.2018 unter http://www.inklusion-lexikon.de/Exklusion_Terfloth.php

Ullherr, A. (2012). Systemische Methoden in der Betreuung und Beratung psychisch kranker Menschen. Kundenzeitschrift »praxis im dialog«, Ausgabe Juni 2012 des praxis instituts für systemische beratung Hanau, 18–28. Zugriff am 16.01.2017 unter https://www.praxis-institut.de/fileadmin/Redakteure/Sued/Praxis-Dialog/2012_Ullherr_Systemische_Methoden_in_der_Betreuung_psychisch_kranker_Menschen.pdf

Varga von Kibèd, M., Sparrer, I. (2016). Ganz im Gegenteil. Tetralemmaarbeit und andere Grundformen systemischer Strukturaufstellungen – für Querdenker und solche, die es werden wollen (9. Aufl.). Heidelberg: Carl Auer.

Wienands, A. (2010). Einführung in die körperorientierte systemische Therapie. Heidelberg: Carl Auer.

Wienands, A. (2014). Körperorientierte systemische Therapie. In A. Wienands (Hrsg.), System und Körper. Der Körper als Ressource in der systemischen Praxis (S. 107–121). Göttingen: Vandenhoeck & Ruprecht.

Wirth, J. V., Kleve, H. (Hrsg.) (2012). Lexikon des systemischen Arbeitens. Grundbegriffe der systemischen Praxis, Methodik und Theorie. Heidelberg: Carl Auer.

Wocken, H. (2010). Qualitätsstufen der Behindertenpolitik und -pädagogik. Ein Beitrag aus der Tagung: Unterricht in heterogenen Klassen (Teil 2), Module zur Heterogenität, Bad Boll 14.–16. Dezember 2009. Online Texte der Evangelischen Akademie Bad Boll. Zugriff am 05.02.2018 unter http://www.ev-akademie-boll.de/fileadmin/res/otg/501909-Wocken.pdf

11 Danksagung

Ich danke Jochen Schweitzer und Arist von Schlippe für ihr Vertrauen und die Möglichkeit, das Thema »Wohnungslosigkeit« einer breiteren Leserschaft näher zu bringen. Auch Imke Heuer und Günter Presting vom Verlag Vandenhoeck & Ruprecht möchte ich an dieser Stelle für ihre herzliche und verbindliche Art während der redaktionellen Zusammenarbeit meinen Dank aussprechen.

Ferner möchte ich meinen beiden Geschäftsführern sowie meinen Fachbereichs- und Einrichtungsleiterinnen danken, ohne deren innovativen Geist ein systemisches Arbeiten, in der Form, wie ich es anbiete, nicht zu denken wäre. Sie unterstützen mich in dem, was ich mit Begeisterung tue und ermöglichen den Klientinnen einen systemischen Blick auf ihre Lebenssituation. Dieser wäre ihnen – aus finanziellen Gründen – sonst verwehrt.

Auch danke ich meiner Familie, ohne deren Verständnis und Unterstützung dieses Büchlein nicht möglich geworden wäre.

Ein besonders herzlicher Dank geht an die beiden Klienten aus den Fallbeispielen, ohne deren Bereitschaft und Mut, Einblick in systemische Beratungen und somit in ihre persönlichen Lebenssituationen zu gewähren, dieses Büchlein gar nicht erst geschrieben worden wäre: Danke!

12 Die Autorin

Marion Ludwig, Jahrgang 1975, ist diplomierte Sozialarbeiterin und Sozialpädagogin (FH) und nach DGSF-Richtlinien zertifizierte systemische (Familien-)Therapeutin. Derzeit befindet sie sich in Weiterbildung zur systemischen Körperpsychotherapeutin (GST-Berlin).

© Uta Neumann

Sie ist Mitglied der Deutschen Gesellschaft für Systemische Therapie, Beratung und Familientherapie (DGSF e. V.). Seit zwölf Jahren ist Marion Ludwig als Sozialpädagogin in verschiedenen Einrichtungen und Positionen beim selben privaten Träger der Wohnungslosen- und Eingliederungshilfe in Berlin tätig.

Als studentische Nachtbereitschaft war Marion Ludwig in zwei geschlechtsspezifischen, niedrigschwelligen Notübernachtungen tätig, bevor sie Teamprojektleitung in einer frauenspezifischen Notübernachtung wurde. Anschließend arbeitete sie als Einrichtungsleitung in einem Wohnheim für wohnungslose Frauen (gem. ASOG). Nach acht Jahren frauenspezifischer Sozialarbeit war sie als Teamprojektleitung in einem Übergangshaus (Wohnungslosenhilfe gem. § 67 SGB XII) für wohnungslose Männer tätig. Seit zwei Jahren bietet sie systemische Beratung in einem ambulanten Wohnverbund (Eingliederungshilfe gem. § 53 SGB XII) für wohnungslose Menschen mit psychischen Beeinträchtigungen an. Seit einem Jahr ist sie in demselben Wohnverbund zusätzlich im Rahmen sozialpädagogischer Beratung und Begleitung tätig.

13 Abkürzungsverzeichnis

ALG-II	Arbeitslosengeld II
ASOG	Allgemeines Sicherheits- und Ordnungsgesetz des Landes Berlin – ASOG Berlin
BAG W	Bundesarbeitsgemeinschaft Wohnungslosenhilfe e. V.
BBRP	Berliner Behandlungs- und Rehabilitationsplan
BEWSB	Therapeutisch betreutes Einzelwohnen für seelisch Behinderte
BGB	Bürgerliches Gesetzbuch
BTHG	Bundesteilhabegesetz
DWBO	Diakonisches Werk Berlin-Brandenburg-schlesische Oberlausitz
DIMDI	Deutsches Institut für Medizinische Dokumentation und Information
dgrw	Bundesarbeitsgemeinschaft Rehabilitation
GSK	Gruppentraining sozialer Kompetenzen
Hartz IV	umgangssprachliche Bezeichnung für Arbeitslosengeld II
HBG	Hilfebedarfsgruppe
HMB	Hilfebedarf von Menschen mit Behinderung
ICD-10	Internationale statistische Klassifikation der Krankheiten und verwandter Gesundheitsprobleme – 10. Fassung
ICF	Internationale Klassifikation der Funktionsfähigkeit, Behinderung und Gesundheit
NAK	Nationale Armutskonferenz
PsychKG	Psychisch-Kranken-Gesetz
SGB	Sozialgesetzbuch
TWASB	Therapeutisch betreute Wohngemeinschaft für seelisch Behinderte mit Nachtwache
TWGSB	Therapeutisch betreute Wohngemeinschaft für seelisch Behinderte
UN	Vereinte Nationen
WHO	Weltgesundheitsorganisation